Dietmar Sehn

Aufgewachsen in DRESDEN

Die 40er & 50er Jahre

Wartberg Verlag

IMPRESSUM

Bildnachweis:
Deutsche Fotothek, Sächsische Landesbibliothek – Staats- und Universitätsbibliothek Dresden: S. 3, 4 u, 6, 8, 10, 17o, 18 u, 19, 24, 34, Titel; Ingrid Lehmann: S. 18 o; Dieter Lorenz: S. 37; Dieter Schulze: S. 12; ullstein: S. 10 li, 11 re, 28 o, 30 o, 36, 54; ullstein-dpa: S. 5 o; ullstein-Friedrich: S. 53 o; ullstein-kpa: S. 45; ullstein-Winkler: S. 53 u; Hildegard Völckel: S. 9, 15, 20, 22 li, 26 li, 27, 28 u, 38-40, 46

Alle übrigen Fotos stammen aus dem Privatarchiv des Autors.

1. Auflage 2008

Gestaltung und Satz: Sislak Design, Bad Soden-Salmünster
Druck: Hoehl-Druck Medien + Service GmbH, Bad Hersfeld
Buchbinderische Verarbeitung: Buchbinderei Büge, Celle

34281 Gudensberg-Gleichen · Im Wiesental 1
Telefon: 05603/93050 · www.wartberg-verlag.de
ISBN: 978-3-8313-1833-9

Ich habe in Dresden laufen gelernt,

lesen, rechnen, lachen, weinen, lieben, tanzen. Ich habe die Ruinen noch in Erinnerung und mit größtem Interesse den Aufbau der zerstörten Stadt verfolgt. Nein, es war nicht einfach, Neues zu schaffen, Altes zu erhalten. Manche verlangten eine totale Ruinenbeseitigung und moderne Neubauten, sozialistische großzügige Baukultur. Viele setzten sich aber für Werterhaltungsmaßnahmen und den Wiederaufbau bedeutsamer Kunstbauwerke ein. Das war nicht in allen kriegszerstörten Städten so. Hier in Dresden blieben Theater, Zwinger, Kirchen und viele andere Denkmale zunächst als Ruine erhalten. Nach und nach begann der Wiederaufbau, der mitunter jahrzehntelang währte. Einiges ging der Nachwelt leider verloren, historische Bauwerke, wie die Sophienkirche und das Germania-Denkmal.

Ich wünsche mir, der Theaterplatz mit seinem herrlichen alten Ensemble, der Neumarkt mit Frauenkirche und die Brühlsche Terrasse würden zum Weltkulturerbe erklärt. Doch zurück in die 40er und 50er Jahre! Ich erinnere mich an lustige Zirkusbesuche und das Treiben auf der Vogelwiese, an Ausflüge in die wunderschöne Umgebung von Dresden, an die in die Schule eingeschleusten Maikäfer, an den ersten Kuss, die erste Liebelei, die Glühwürmchen in einer Frühlingsnacht, die Weihnachtsmessen in der Nordhalle und natürlich den Striezelmarkt.

Dietmar Sehn

Zwischen Trümmern

Unser Elbflorenz

Wir sind Kriegs- und Nachkriegskinder, geboren in den späten 30er und 40er Jahren des vergangenen Jahrhunderts. Wir sind nicht irgendwo zur Welt gekommen. Unser Geburtsort heißt Dresden, das Elbflorenz, wie es gerne genannt wird.

Zu den schrecklichsten Ereignissen während des Krieges, ja vielleicht der gesamten Stadtgeschichte, gehörte für die Dresdner die Nacht vom 13. zum 14. Februar 1945, einem Faschingsdienstag. Die Luftangriffe der Alliierten auf Dres-

Vor der Zerstörung Dresdens: Der Postplatz

den waren die schwersten, die eine Stadt und seine Bewohner während des Zweiten Weltkrieges erleiden mussten. Dresden wurde in zwei Angriffswellen bombardiert und die Innenstadt fast völlig zerstört.

Manche von uns haben diese Nacht als Baby oder Knirps ängstlich im Luftschutzkeller verbracht. Viele von uns kennen den Krieg aus den Erzählungen der Eltern, Großeltern oder älteren Geschwister. Nicht alle können sich daran erinnern, Gott sei Dank. Mancher aus den 40er Jahrgängen kam zu Tode oder erlitt bleibende Schäden. Viele von uns wurden zu Halb- oder sogar Vollwaisen. So wie Henry Schenker, Jahrgang 1942. Er lebte mit seinen Eltern in der Moritz-

Georgentor und Schlossturm vor der Zerstörung.

CHRONIK

1. April 1940
Gründung der Staatlichen Kunsthochschule in Dresden. Rektor wurde Prof. Wilhelm Kreis, der Architekt der neuen Augustusbrücke und zahlreicher Bismarcktürme.

14. November 1940
500 deutsche Flugzeuge warfen 500 Tonnen Sprengbomben auf die englische Stadt Coventry.

1. August 1941
Gründung der Dresdner Straßenbahn AG.

6. Dezember 1942
Karl Böhm, der berühmte Dirigent der Dresdner Staatskapelle, gab in Dresden sein Abschiedskonzert.

10. Dezember 1942
Die ersten acht Busse mit einem Gasometer auf dem Dach fuhren durch Dresden. In den Gasbehältern waren 24 Kubikmeter Gas enthalten. Grund für diese Maßnahme war der aktuelle Energiemangel.

15. Dezember 1942
Die Instandsetzung der Frauenkirche wurde nach 18 Jahren abgeschlossen.

24. Juli 1943
Alliierte Bombereinheiten zerstörten Hamburg, das später Dresdens Partnerstadt wurde.

16. August 1944
Im Hof des Landesgerichtes am Münchner Platz wurden mehrere Antifaschisten geköpft.

13./14. Februar 1945
Größter Luftangriff der Alliierten auf Dresden. Die Stadt wurde von englischen und amerikanischen Bombern in Schutt und Asche gelegt.

10. Mai 1945
Dr. Rudolf Friedrichs wurde von der Sowjetischen Kommandantur als neuer Dresdner Oberbürgermeister eingesetzt und knapp zwei Monate später zum Präsidenten der Landesverwaltung Sachsen berufen. Schließlich wurde Dr. Friedrichs erster Ministerpräsident von Sachsen.

Dresden nach der Bombardierung vom 13./14.Februar 1945.

straße, unmittelbar am Altmarkt. Zwei Tage nach dem Luftangriff wurde der Dreijährige unter Trümmern hervorgeholt. Seine Mama blieb unauffindbar. Henry wuchs bei Pflegeeltern auf und erblindete. Erst drei Jahre später kam Papa aus der Kriegsgefangenschaft und sah erstmals seinen Sohn.

Schreckliche Szenen

Nach den Luftangriffen auf Dresden spielten sich grausame Szenen ab. Die gesamte Innenstadt brannte lichterloh. Überlebende liefen durch die Straßen und suchten nach ihren Angehörigen. Bereits am Vormittag des 14. Februar tönten erneut die Sirenen: Fliegeralarm. Ältere Menschen können sich an die amerikanischen Tiefflieger erinnern. Sie rasten über die Elbwiesen, an denen Tausende Dresdner und Flüchtlinge Schutz gesucht hatten. Auf dem Altmarkt wurden später nicht zu identifizierende Leichen auf Metallroste gestapelt, mit Benzin übergossen und verbrannt. Erst später erfuhren wir von Vertreibung, Judenhass, Heldentod, Luftangriffen und Flugblättern mit dem Satz: „Die Dresdner Zwerge, kommen als letzte in die Särge!“ 35 000 Menschen kamen ums Leben.

Die Russen kommen!

Drei Monate später war der Krieg zu Ende. Hitlerdeutschland hatte kapituliert. Noch am Vortag der Kapitulation war unklar, welche Besatzungsmacht in Dresden das Sagen hat. Dann kam die Entscheidung: Die Russen! Angst machte sich unter der Bevölkerung breit. Den Russen wurden räuberische Taten und Unkultur nachgesagt. Tatsächlich kannten einzelne „Sowjetsoldaten“ kein Spülklosett, pinkelten in die Vase aus Meißner Porzellan und warfen sie anschließend zum Fenster hinaus, erzählte man sich. Plünderungen und Vergewaltigungen gehörten zum Alltag. Die geschädigten Personen wurden zum Stillschweigen gezwungen. Trotz aller Nachkriegswirren versuchte die sowjetische Stadtkommandantur Ruhe und Ordnung zu schaffen, bestrafte Sowjetsoldaten und beschloss erste Maßnahmen hinsichtlich der Lebensmittelversorgung in der Stadt. Beschlagnahmte Lager wurden frei gegeben, der Sozialdemokrat Dr. Rudolf Friedrichs zum Oberbürgermeister von Dresden berufen.

Unsere Mütter – Trümmerfrauen

Unsere Väter mussten als Kriegsgefangene in England oder irgendwo in der Sowjetunion arbeiten oder wurden vermisst. Es waren nun vor allem unsere Mütter, die die Existenz ihrer Familien sichern und für den Lebensunterhalt aufkommen mussten. Viele gingen als Trümmerfrauen in die Nachkriegsgeschichte ein. Im Akkord wurden von ihnen die Ziegel vom Mörtel befreit und aufgeschichtet. Die Frauen bekamen sechzig Pfennig die Stunde sowie eine Lebensmittelkarte für Schwerarbeiter. Die Tagesration umfasste: 400 Gramm Brot, 40 Gramm Fleisch, 15 Gramm Fett, 30 Gramm Nährmittel, 20 Gramm Zucker. Manche Mutti musste ihren Sprössling zur Enttrümmerung mitnehmen. Wir saßen dann im Kinderwagen, schliefen, strampelten, spielten mit Teddy oder Püppi, schauten Mama bei der Arbeit zu. Wurde uns langweilig, begannen wir zu weinen und bekamen das Nuckel. Wir lutschten genüsslich daran, das lenkte von der Traurigkeit ab. Mitunter half die Trinkflasche und ein Kanten Brot. Mitunter blinzelte jemand in den Wagen, zog Grimassen und machte: „Piep, piep, da, da ...!“ Wer von uns größere Geschwister oder sogar eine Oma hatte, wurde von ihnen versorgt und brauchte nicht bei Wind und Wetter auf der Straße zu sein.

Fliegeralarm

Immer wieder heulten im Krieg die Sirenen: Fliegeralarm. Die Leute stürmten in die Luftschutzräume oder in eine Notunterkunft. An den Häuserwänden waren sie mit LSR gekennzeichnet. In den Kellern hockten hauptsächlich ältere Menschen und Mütter mit ihren Kleinkindern. Das hatte seine Gründe. Wenn Papa auf Fronturlaub kam, waren Mama und Papa sehr verliebt und zudem sollten Kinder die „Zukunft des Volkes“ sein. Die Mütter wurden von den Nationalsozialisten für reichen Kindersegen mit Orden ausgezeichnet. Mütter mit vier Kindern bekamen den Bronzeorden. Einen goldenen Orden gab es für acht Kinder.

Theater, die während des Krieges Vorstellungen gaben, versuchten, sich auf einen Angriff vorzubereiten. In den Programmheften stand: „Die Unterbrechung der Vorstellung wird rechtzeitig von der Bühne bekannt gegeben. Der Zuschauerraum und die Treppenhäuser werden wie in den Pausen hell erleuchtet. Verlassen Sie den Zuschauerraum ruhig und gehen Sie nach Anweisung der Türschließer bzw. Luftschutzordner in den Luftschutzraum! Rauchen ist überall verboten! Die Garderobe wird bei Alarm nicht ausgegeben! Das Verlassen des Theaters ist bei Alarm verboten! Uniformierte werden ersucht, sich den Luftschutzordnern zur Verfügung zu stellen!“ Im Archiv der Staatsoperette Dresden sind diese Hefte mit den Informationen noch aufbewahrt.

Trümmerfrauen am Königsufer 1947.

Trümmerfrau

Der Bildhauer Walter Reinhold (1898–1982) schuf nach dem Zweiten Weltkrieg das Denkmal: „Trümmerfrau". 1952 wurde die Eisenguss-Skulptur am Südflügel des Rathauses, am damaligen Rathausplatz, eingeweiht. Das Vorbild für die überlebensgroße Figur war die Dresdner Trümmerfrau Erika Hohlfeldt, dargestellt in derber Hose, Kittelschürze, Kopftuch und Ziegelhammer. Sie erinnert an diejenigen Frauen, die Ziegel vom Zement frei klopften, Trümmerbahnen mit Schutt beluden. „Das Denkmal ist den Frauen Dresdens gewidmet, die in schweren Zeiten mit der Arbeit ihrer Hände den Grundstein zum Wiederaufbau der zerstörten Stadt legten", lauteten die Einweihungsworte. 25 Jahre später entstand eine Neufassung des Denkmales. Der neue Standort der Bronzeplastik wurde die Ostseite am Neuen Rathaus.

Na, drück doch!

So früh wie möglich sollten wir sauber werden. Das Topfsitzen machte uns zwar keine Freude, doch Oma meinte immer: „Das muss sein, komm, schön drücken. Na, drück doch! Streng dich an!" Oma blähte die Backen auf und krampfte die Hände zusammen. Wir dachten, Oma macht Spaß! Wenn dann endlich ein Häufchen im Emaille- oder Porzellantopf lag, frohlockte Oma: „Gutes Kind, fein gemacht! Das ist aber eine schöne Wurst!" Wir jauchzten mit ihr, klatschten in die Hände und waren froh, vom Topf genommen zu werden.

Mutti oder Oma hatten nach erfolgreichem Geschäft etwas weniger Arbeit. Gleichwohl, alle Stoffwindeln mussten gewaschen werden. Und die sauberen Windeln blieben nicht lange sauber, denn das Topfsitzen war nicht immer von Erfolg gekrönt. Manchmal, so berichteten uns später die

Einer der zahlreichen Losungen gegen den Kartoffelkäfer.

Erwachsenen, roch die ganze Wohnung nach unseren „Hinterlassenschaften". Dieser Geruch war keinesfalls anrüchig, im Gegenteil: es war ein besonderes Parfüm, heute würde man sagen: Eau de Parfüm oder so ähnlich.

Und aus den Erzählungen in der Familie wissen wir auch, wie genüsslich wir eine warme Suppe löffelten, zubereitet aus Brennnesseln und Löwenzahn. Eine Kartoffelsuppe galt schon als eine Delikatesse, denn die Knollen waren rationiert und nur auf Marken erhältlich. Zudem drohte eine Kartoffelkäferplage, die Ernte zu vernichten. Manche von uns Knirpsen zogen mit Mama auf das Land, um Kartoffelkäferlarven einzusammeln. So hatte das Ganze wenigstens etwas Gutes, denn für diese Arbeit gab es ein paar Pfennig.

Dresden – das Elbflorenz

Der Name Dresden stammt vom altsorbischen Wort drezdany und bedeutete Waldbewohner. Eine erste Urkunde, ein Gerichtsurteil, bezieht sich auf das Jahr 1206. Humorvoll, wie die Dresdner im Allgemeinen sind, haben sie ihre Entstehungsgeschichte auf ganz eigene Weise interpretiert und wissen angeblich genau, warum Dresden „Dräsden" heeßt: Hier lebten früher Fischer, die fischten Fische. Wenn die Fischer keine Fische fischten, bohrten sie vor Langeweile in der Nase herum und sie stellten fest: „Ach, wie schön ist das Nasebohren hin und her, dräsden Finger, geht es auch kreuz und quer!"

Der Löwe, König der Tiere, wurde das Wappentier unserer Stadt. Löwenpaare stehen vor der „Goldenen Pforte" am Rathaus und am Eingang zum Großen Garten. Die älteste Dresdner Apotheke wurde in Löwenapotheke umbenannt, das „Löwenschild" zu einem Wahrzeichen.

Johann Gottfried Herder (1743–1803) machte Dresden als „Elbflorenz" bekannt. Er schrieb in einem Aufsatz sehr lobenswerte Sätze über die Stadt an der Elbe, nannte sie das „Deutsche Elbflorenz". Der Theologe, Philosoph und Dichter schrieb zudem: „Blühe, deutsches Florenz, mit deinen Schätzen der Kunstwelt!" Mit Elbflorenz, diesem klangvollen Namen, hatte der Dichterphilosoph die Stadt Dresden auf liebevolle Weise geadelt. Herder traf mit zahlreichen Persönlichkeiten zusammen und war von der Stadt hellauf begeistert, sprach von „feinen Menschen und feiner Salonstadt".

Auch zur 750 Jahrfeier 1956 war das Stadtwappen unterwegs.

Aufbauzeit

Wann kommt Papa?

Wir waren sechs, fünf, vier, drei, zwei Jahre alt oder gerade erst geboren. Vor einem Jahr war noch Krieg und vor einem Jahr war der Krieg zu Ende. Mehrere Familien lebten zusammen in einer Wohnung, benutzten gemeinsam Küche und Bad. Trotz schwieriger Wohnverhältnisse herrschte beispielhafte Solidarität. Endlich kamen auch die ersten Väter aus der Kriegsgefangenschaft. Viele von uns lernten den Vater erst

Menschen verlassen den völlig überfüllten Zug durch die Fenster.

Ein verwittertes Kriegsgrab. Erst Jahre später erfuhren die Hinterbliebenen vom Tod der Soldaten.

Die Zeitschrift „Schulpost“ erschien 1946 zum ersten Mal in der DDR. 1958 wurde der Name in „Rakete“ geändert.

jetzt bewusst kennen, sagten: „Papa“. Dem rollten die Tränen aus den Augen und er umarmte seine kleine Tochter oder den kleinen Sohn.

Bis zum Ende des Nachkriegjahres kehrten 25 000 Heimkehrer nach Dresden zurück. Genau 562 Männer fanden ihre Familie nicht mehr vor. An Häuserwänden und an Bäumen hingen Suchmeldungen. Noch waren Zigtausende irgendwo in einem Gefangenenlager oder bereits tot. „Wann kommt Papa nach Hause?“, fragten viele Kinder. Mitunter traf ein Brief aus einem Krankenhaus oder von einer Behörde ein. Da wurde die Ahnung zur Gewissheit. Papa war auf einer Kriegsgräberstätte begraben worden. Und wir Knirpse begriffen kaum, was in der Welt geschehen war.

Hungerwinter

Am 13. Dezember 1946 setzte bittere Kälte ein und hielt ununterbrochen bis zum 13. März 1947 an. Die Statistik weist für diesen Zeitraum 81 Tage mit Kältegraden aus. So waren Rohkohle, Briketts und das bisschen Holz bald aufgebraucht. Die Lebenslage der Menschen verschlechterte sich dramatisch. Besonders schwer betroffene Bürger erhielten Sondergenehmigungen zum Beschaffen von Brennholz, das sie im Wald selbst schlagen durften. Mit Schlitten transportierten sie das kostbare Gut nach Hause in die Stadtwohnung. Die Polizei kontrollierte aufmerksam die Holzbeschaffung. Einen Erlaubnisschein benötigten die Bürger auch für das Leseholz. Dazu zählten Wurzelstöcke von gefällten Bäumen. Sowjetsoldaten bewachten streng die Kohlelager und Kohlezüge. Proteste und Diebstähle wurden mit Gefängnis bestraft. Lebensmittelversorgungen gab es nicht. Die Zonenbürger sollten sich selbst versorgen. Dagegen rief im Westen der Kölner Bischof Frings die Bürger zum Kohlenklau und zu Demonstrationen auf, Care-Pakete halfen dort die Not zu lindern.

Hamstern war eine Überlebensstrategie.

Zwinger – der Retter hieß Ermisch

Bereits kurz nach der großen Zerstörung der vielen wertvollen Baudenkmäler in Dresden wurde im Februar 1945 die Frage gestellt: „Ist die Rettung des Zwingers möglich?“ Die Antwort des Architekten Dr. Hubert Georg Ermisch (1883–1951) lautete: „Die Wiederherstellungsarbeiten müssen auf Jahre verteilt werden, da erfahrungsgemäß nur wenige Bildhauer, Steinmetzen, Kupferklempner und Spitzmaurer die Fähigkeiten zu derartig schwierigen Arbeiten besitzen. Sie müssen Künstler ihres Faches sein, Fingerspitzengefühl besitzen und mit dem Bewusstsein arbeiten, dass ihre eigene Arbeit sich dem Gesamtwerk unterzuordnen hat. Einige Mitarbeiter aus der Vorkriegs-Restaurierung leben noch und würden wohl auch zu erneuter Mitarbeit bereit sein.“

Werbeplakat von Willy Petzold (1885–1978), Plakat-Künstler.
Die Einnahmen aus der Zwinger-Lotterie trugen zum Wiederaufbau bei.

Nachdem der Zwinger minenfrei erklärt worden war, begannen die Rettungsmaßnahmen, Ermisch wurde als Leiter für den Wiederaufbau eingesetzt. Auch das Dresdner Schloss, die Katholische Hofkirche, die Semper-Oper sowie Denkmale und Parkanlagen blieben trotz schwerster Kriegszerstörung weitestgehend erhalten.

Das berühmte Kronentor des Dresdner Zwingers. Im Hintergrund die Sophienkirche, die im Krieg zerstört und zu DDR-Zeiten abgerissen wurde.

Dresdner Aufbauplan

17 Monate nach Kriegsende wurde Walter Weidauer (1899–1986) Oberbürgermeister der Stadt Dresden. Weidauer sollte die Stadtverwaltung personell neu besetzen und sich um die Trümmerbeseitigung und den Wiederaufbau kümmern. Der Aufbauwille war stark und der „Große Dresdner Aufbauplan", den Weidauer entwickelte, wurde allgemein begrüßt. Der neue Oberbürgermeister sprach jedoch angesichts der schweren Zerstörungen bald vom Neuaufbau statt Wiederaufbau. Dresden wurde nach Berlin zur zweiten Aufbaustadt erklärt, das hieß im Klartext: Besondere Förderung! Der Schriftsteller Max Zimmering schrieb für die Stadt Dresden den Text: „Wo sich breite Brücken strecken, sollen sich neue Häuser recken!" Aber Weidauer stieß auf Widerstand und zwar bei Stadtbaurat Dr. Herbert Conert. Conert wollte viele Ruinen erhalten, um das alte Stadtbild Dresdens, so wie es vor der Zerstörung war, wiederherstellen zu können. Glücklichweise wurde der engagierte Stadtbaurat von Dresdner Bürgern unterstützt. In allen Stadtteilen fanden Kundgebungen für die „Conert-Idee" statt.

Wohl unspektakulärer ging die Umbenennung zahlreicher Straßen vonstatten. Die Hauptstraße wurde in „Straße der Befreiung" umgetauft. Den Namen „Einheit" trugen fortan der Albertplatz (Platz der Einheit), die Albertstraße (Straße der Einheit) und die Albertbrücke (Brücke der Einheit). Mehrere Straßen erhielten Namen von Widerstandskämpfern.

Wieder Puppentheater und Zirkus

Unser erstes Puppentheater sahen wir in einer Kirche oder Kneipe. Im Filmtheater Schauburg an der Königsbrücker Straße zeigten Artisten

Der Große Garten vor dem Zweiten Weltkrieg.

vom Zirkus Sarrasani waghalsige Kunststücke auf dem Seil und der Clown brachte Groß und Klein zum Lachen. Der berühmte Zirkus hatte in der Bombennacht noch eine Abendvorstellung durchgeführt. Fliegeralarm unterbrach die Revue und die Besucher strömten in den dortigen Luftschutzkeller, das bedeutete ihre Rettung. Das Zirkusgebäude aber wurde total zerstört, zahlreiche Tiere getötet. Nun zauberten und jonglierten die Zirkuskünstler in einem Kino. Die Schauburg, mit indischer Deckenbeleuchtung und ganz in Rot gehalten, war das größte Filmtheater in der Dresdner Neustadt und ideal für Varietéveranstaltungen geeignet. Vor der Bühne befand sich ein Graben für das Hausorchester. Rund 1000 Besucher hatten im Kinosaal Platz.

Auch die „Großen" hatten wieder Freude an der Kultur und besuchten Veranstaltungen. Während ihrer Abwesenheit wachten die Großeltern über unser Wohlbefinden. Sie drückten oft ein Auge zu und ließen uns etwas länger spielen, schließlich war Fernsehen noch kein Thema. Das „Schlafengehen" führte immer wieder zu Problemen. Wir hatten einfach keine Lust und waren trotz Augenreibens noch längst nicht müde. Schlafliedchen und Kuscheltier halfen manchmal aber doch.

Während wir friedlich schlummerten

Meistens war Mama abends zu Hause, häkelte oder strickte. Gestopft wurden die Löcher in den Strümpfen, und mit dem Bügeleisen, damals Plätte oder Ochsenzunge genannt, die Hosen und Hemden geplättet. Mutter hantierte in mancher Abendstunde mit Stricknadeln und Wolle, um einen dicken Schal und Handschuhe zu fertigen. Diese Kleidungsstücke waren besonders wichtig, denn der Winter wurde knackig kalt. Während Mutter plättete oder stopfte, hörte sie Radio und summte ein Lied von Heinz Rühmann oder Zarah Leander mit. „Wochenend' und Sonnenschein" war einer der großen Hits jener Zeit. Das Radio lieferte die häusliche Unterhaltung und in vielen Wohnungen stand noch ein schwarzer oder brauner Volksempfänger, eine „Goebbelsschnauze", benannt nach dem früheren Reichspropagandaminister.

Manchmal half der geliebte Teddybär beim Einschlafen.

Sehnsucht nach Kultur

Hin und wieder hatte natürlich auch Mutti das Verlangen, endlich wieder einmal Kultur und etwas Vergnügen zu erleben. Dann kümmerten sich Oma, Opa oder eine Nachbarin um uns. Mutti machte sich schick und ging mit einer Freundin aus. In den zerstörten Theatern konnten keine Vorstellungen stattfinden. Deshalb wurden Tanzsäle, Gasthöfe, Werkskantinen und sogar Kirchen, vorwiegend am Dresdner Stadtrand, zu Spielstätten umfunktioniert. Der große Saal des beliebten Ausflugslokals Wölfnitz eignete sich prima als Kino. Die „Filmbühne", so der Name des Theaters, lud dann drei Jahrzehntelang zu zahlreichen Premieren ein.

Das Kurhaus Bühlau war ein beliebtes Tanzetablissement. Bereits vor 100 Jahren strömten die Dresdner in das Tanzlokal. Nach dem Krieg diente das Kurhaus, damals „Kulturscheune" genannt, als Spielstätte. Im Ballsaal erlebten die Besucher die Oper „Fidelio" und glanzvolle Konzerte der Staatskapelle.

In der unzerstörten „Tonhalle" in der Inneren Neustadt wurde schon am 10. Juli 1945 das Lessingstück „Nathan der Weise" aufgeführt. Drei Jahre später erhielt die Bühne den Namen „Kleines Haus" und wurde der kleine Bruder zum „Großen Haus". 1925 wurde der „Gasthof zu Leuben" als Ballhaus eröffnet und ging als „Feen-Palast" in die Geschichte Dresdens ein. Im letzten Kriegsjahr diente das Haus als Lazarett. Danach war ein repräsentatives Theater mit großer Bühne und Orchestergraben vorgesehen. Die Kegelbahn

Ein Wagen der berühmten Molkerei Gebrüder Pfund während eines Umzuges.

sollte weichen und dafür ein großes Foyer entstehen. Den Anfang machte eine Kleinkunstbühne, das „Apollo-Theater". Manchmal schwärmte Mutti am nächsten Tag von „ihrem Kulturerlebnis". Muttis Gesicht strahlte. Wir fragten: „War auch ein Spaßmacher dabei?"

Tauschgeschäfte

Erinnern Sie sich noch an den Schwarzmarkt am Neustädter Bahnhof? Für uns Kinder waren die Menschenmassen, die sich, locker in Grüppchen verteilt, dort ständig aufhielten, beeindruckend. Unsere Eltern erklärten uns zwar, was es mit den Tauschgeschäften so auf sich hatte, aber die wenigsten konnten verstehen, was da vor sich ging. Aber das Bild von den vielen Menschen blieb in Erinnerung, und dass der Schwarzmarkt zum Nachkriegsalltag gehörte, dass ein Brot damals in Dresden etwa achtzig Mark kostete. Was wurde da nicht alles gehandelt! Kleidungsstücke und Schmuck vom gefallenen Vater oder Geschenke, die man zum Geburtstag oder zu Weihnachten erhalten hatte.

Pfunds Molkerei, der berühmte Milch- und Käseladen in der Bautzner Straße, schenkte seinen Verkäuferinnen zu bestimmten Festen eine schicke Schürze. Manche Angestellte hatte einen ganzen Stapel davon im Schrank. Nun waren die Schürzen auf dem Schwarzmarkt heiß begehrt. Verscherbelt wurden auch Erinnerungsstücke aus der Kriegsgefangenschaft, denn die ersten Heimkehrer waren wieder zu Hause, in der zerstörten Heimat, in Deutschland, in Dresden. Sie boten neben ihren Habseligkeiten diverse Abzeichen und selbstgefertigte Schnitzereien an. Die meisten Männer waren trotz der Not glücklich, den Krieg und die Gefangenschaft überlebt zu haben.

Der erste HO-Imbiss

Eine große Veränderung bedeutete es, als am 15. November 1948 in der Stadt die erste HO-Verkaufsstelle eröffnet wurde und – das war eine Sensation! – der erste HO-Imbiss der Ostzone. Mit großer Spannung zogen die Erwachsenen, und wir an ihrer Hand, zum Postplatz. Zahlreiche Menschen kamen, um das Angebot der neuen Handelsorganisation zu bestaunen. Speisen und Getränke wurden frei und zu günstigeren Preisen als auf dem Schwarzmarkt angeboten. Die Imbiss-Gaststätte war sozusagen ein Vorläufer der späteren Selbstbedienungsgaststätten. Am Eingang erhielt der Gast ein Ticket (Wertbon) und wählte dann aus dem Speiseangebot aus, natürlich nur das, was der Geldbeutel hergab. Die Verkäuferin lochte mit einer Zange den Preis in die Karte, am Ausgang wurde gezahlt. Manchmal durften wir die teure Karte aufbewahren, aber nur mit dem strengen Hinweis: „Pass gut darauf auf! Sonst müssen wir zwanzig Mark berappen“.

Zeitgleich wurde im ehemaligen Palasthotel Weber die erste HO-Gaststätte, das „Theater-Café“, eröffnet. Die Preise waren eine „Kampfansage“ gegen Wucherer und Schwarzhändler. Eine Bockwurst mit Semmel kostete 3.45 Mark, Makkaroni mit Schinken und Kopfsalat 4.85 Mark. Auf der Speisekarte stand zudem: „Das Personal der HO-Gaststätten hat feste, auskömmliche Gehälter und ist nicht auf Bedienungsgeld angewiesen.“

Neustädter Markthalle

Dresden hatte einst mehrere freie Märkte. So auch am Neustädter Markt, vor dem Sitz des königlichen-sächsischen Kriegesministeriums und unmittelbar am Denkmal Goldener Reiter, dem Standbild August des Starken. Doch die hygienischen Bedingungen ließen arg zu wünschen übrig. Die Stadt entschloss sich zum Bau eines festen Gebäudes. Am 7. Oktober 1899 wurde die im Gründerstil erbaute Neustädter Markthalle eröffnet. Unter einem lichtdurchlässigen Dach verkauften teilweise bis zu 231 Händler Gemüse, Fleisch, Kurzwaren. 1908 wurden hier sage und schreibe 20 000 Kilogramm Obst verkauft – ein absoluter Rekord. Auch frisches Gemüse und Feldfrüchte standen hoch in der Gunst der Käufer. Im Laufe der Jahre ging der Umsatz zurück, bis die Obstmärkte schließlich ein Opfer der Inflation wurden.

Das Gründerzeitgebäude mit den kunstvollen Eisentreppen, gusseisernen Säulen und schmiedeeisernen Geländern galt als eine der schönsten Markthallen in Deutschland. Einige Monate nach der Bombardierung herrschte wieder buntes Krämerleben. Die Leute strömten in die teilweise zerstörte Halle gegenüber der Dreikönigskirche und kauften auf Lebensmittelmarken Butter, Milch, Zucker, Brot. Obst war selten im Angebot und wenn, dann bildeten sich lange Schlangen.

Zu den legalen Einkaufsstätten gehörte bald auch die zerstörte Neustädter Markthalle. Hier reihten sich winzig kleine Läden eng aneinander und die Menschen kauften mit Lebensmittelmarken ein. Gerne marschierten wir die Eisentreppe zum ersten Stock hinauf, denn dort befand sich ein Spielzeuggeschäft. Wir bestaunten die kleinen und größeren Holzautos und die lustigen Puppen.

Bis Mitte der 50er Jahre wurden Lebensmittel überwiegend an Ständen und in Zelten verkauft.

An einen Kauf war nicht zu denken, weder die Eltern noch wir hatten dafür Geld.

Alle Jahre wieder

Die Erwachsenen schwärmten vom alten Striezelmarkt, und ihre Augen strahlten bei ihren Erzählungen: „Der Dresdner Striezelmarkt ist einer der ältesten, schönsten und traditionsreichsten deutschen Weihnachtsmärkte". Kein Wunder, dass sie mit uns über diesen weithin bekannten Weihnachtsmarkt bummelten. Meist hatte ein Großer uns Dreikäsehoch auf den Schultern oder wir saßen noch in der Kinderkutsche. Schon von Kindesbeinen an lernten wir, dass der Besuch „unseres" Striezelmarktes zu den jährlich wiederkehrenden Weihnachtsritualen gehört. Wir tippelten mit Mutti von Stand zu Stand und uns wurde ganz mulmig in dem Gewühl. Als Entschädigung für die Strapazen bekamen wir eine Süßtafel, Bonbons oder mit ein bisschen Glück den heiß begehrten Pflaumentoffel.

Bei der Bescherung durfte der Weihnachtsmann nicht fehlen.

Pflaumentoffel

Nach Kriegsende stürzten sich die Dresdner förmlich auf diesen Stand und verspeisten die Pflaumen gleich an Ort und Stelle. Pflaumentoffel wurden damals meist in Heimarbeit herge-

Eine Weihnachtskarte (1958), gestaltet von der Dresdner Grafikerin Ingrid Lehmann.

stellt, vor allem Frauen fertigten die Männlein. „Pflaumentofflerinnen“ bekamen die nötigen Einzelteile, wie Sockel, Stäbe, Leiter, Backpflaumen, Kopf und Kragen und bauten diese dann zusammen. Wegen der großen Nachfrage wurden später Beutel mit den Einzelteilen verkauft und der Toffel zu Hause fertig gestellt.

Abends erzählte Mutti als „Gute-Nacht-Geschichte“ vom kleinen, schwarzen Backpflaumenmann: „Eine Frau mit mehreren Kindern sollte wegen Mietschulden ihre Wohnung verlassen. Was tun? Die Frau überlegte und überlegte und hatte schließlich eine fabelhafte Idee. Sie spießte getrocknete Pflaumen auf dünne Holzstäbchen und so entstand ein kleines Männlein mit Kopf und Bauch, Armen und Beinen. Die Mutti und ihre Kinder nannten die Figur

Bevor der Striezelmarkt nach dem Ende des Zweiten Weltkriegs wieder auf seinen angestammten Platz auf dem Altmarkt zurückkehren konnte, wanderte er durch die Stadt.

Der Striezelmarkt Mitte der 50er Jahre.

Pflaumenmännlein. Sie boten sie auf dem Dresdner Striezelmarkt an und hatten großen Erfolg. „Pflaumenmänner, schöne Pflaumenmänner!“, rief die Frau nun täglich und lockte viele Leute an. Im Nu verkaufte sie ihre Männer und wenige Tage danach bezahlte die Frau ihre Miete. Die schwarzen Pflaumenmänner sollten angeblich eine Anspielung auf den Hauswirt sowie den Beruf des Schornsteinfegers, den Glücksbringer, sein. Später hießen die Pflaumenmänner Pflaumentoffel und wurden sogar zu einem Wahrzeichen des Dresdner Striezelmarkts. Wir hatten die Backpflaumen schon längst im Bauch und fragten: „Wann gehen wir wieder auf den Striezelmarkt?“ Mutti sagte: „Vielleicht nächste Woche, jetzt aber gute Nacht, schlaft schön!“ Sie zog die Bettdecke über uns und wir bettelten: „Bitte erzähl noch eine so schöne Weihnachtsgeschichte!“ Doch Mutti knipste das Licht aus und sagte: „Morgen Abend, wenn ihr brav gewesen seid. Und nun schlaft schön!“ Sie drückte uns liebevoll einen Kuss auf die Wange und verschwand aus dem Zimmer. Am nächsten Abend drängelten wir wieder auf eine Weihnachtsgeschichte. Und Mutti kannte natürlich noch eine und noch eine und noch eine …

Die DDR in Babyschuhen

Hurra, die Schule fängt wieder an!

Am 1. Oktober 1945 begann wieder der reguläre Schulunterricht. Viele Schulen, vorübergehend als Lazarett sowie Auffanglager für Flüchtlinge und Bombenopfer genutzt, waren für den Schulbetrieb hergerichtet worden. Unsere größeren Geschwister mussten nun früher aufstehen, sich ordentlich waschen und kämmen. Und natürlich Zähne putzen, das war besonders wichtig. Das predigten nicht nur die Eltern, sondern auch die Lehrer. Schließlich produzierten die LEO-Werke in Dresden Mundwasser und Zahnpasta. Die Schulkinder zogen nach einem bescheidenen Frühstück aus dem Haus. Unterwegs schlossen sich weitere Kinder an und so ging es gut gelaunt zum Ort des Lernens.

Die Zuckertüte

Fast alle Schüler waren nach der langen Pause froh auf den Wiederbeginn, manche hatten kriegsbedingt sogar ein Schuljahr überspringen dürfen und manche mussten wegen der zerstörten Gebäude einen anderen Schulweg nehmen als gewohnt. Besonders neugierig waren diejenigen Kinder, die als Erstklässler in die Schule kamen. Eine Zuckertüte war damals in den Geschäften kaum zu bekommen, deshalb wurde sie selbst angefertigt und bemalt. Es war eben Brauch, zum Schulanfang eine bunte Tüte zu bekommen. Immerhin soll in es Dresden eine der ersten Zuckertüten überhaupt gegeben haben. Irgendeiner aus der Familie wusste auch eine Geschichte über die Tüte und erzählte: „Vor dem Haus des Lehrers wächst ein Schultütenbaum. Sind die Tüten groß genug, ist die Zeit für den Schulanfang gekommen."

Nach der Schuleinführung wurden die Tüten zu Hause ausgeschüttet. Strümpfe und Pullover waren weniger interessant, dafür Spielzeug und Süßes. Die Fotos von der Schuleinführung haben die meisten von uns noch heute. Manches Bild mit Zacken an den Rändern stammte von Mama, einer Tante, einem Onkel. Erste Klassenfotos schoss die Lichtbildnerei Bähr in der Antonstraße und der Dresdner Fotograf Roth. So manches alte, inzwischen vergilbte Bild steckt noch in unserem Fotoalbum.

Eine warme Mahlzeit

Wichtig war nicht nur das Lesen und Schreiben, sondern auch die tägliche warme markenfreie Mahlzeit, meist ein halber Liter Suppe. Es gab vor allem Mehl, Kohlrabi, Rüben, Kraut- und Griessuppe. Ein paar Spritzer Kirschsaft zur Griessuppe waren eine Gaumenfreude. Essenbehälter und Löffel hatten wir von zu Hause mitgebracht. Der Unkostenbeitrag von zwanzig Pfennig wurde nur von den Familien gefordert, die über ein entsprechendes Einkommen verfügten. Später bekamen die Schüler(innen) täglich für fünf Pfennig eine schwarze Semmel und eine Tasse Kaffee. Natürlich war das nicht die berühmte typische „heeße Bohne", sondern einfacher Muckefuck, auch Malz- oder Blümchenkaffee genannt.

Mangelhafte Versorgung führte neben den üblichen Kinderkrankheiten auch zu Erkrankungen wie Typhus und Tuberkulose. Impfaktionen sollten die Ausbreitung der Seuchen verhindern. Weiterhin startete in Dresden die Aktion „Sonnenrose". Auf Trümmerflächen wurden Sonnenblumen angepflanzt, um daraus Speiseöl zu gewinnen und damit die Schulkinderspeisung zu verbessern.

Der Neue

Nicht allein wegen Kohlemangels fiel der Unterricht oftmals aus. Es fehlten auch die Lehrer. Viele „alte Lehrer" waren wegen ihrer Nazi-Zugehörigkeit suspendiert worden. Die „neuen Lehrer" hatten in Schnellkursen die Fähigkeit zum Unterrichten bekommen – oder auch nicht. Das zeigte sich dann in der Disziplin der Schüler. Die Mädels

CHRONIK

20. Juli 1946
Die Albertbrücke wurde neu eingeweiht und erhielt den Namen: „Brücke der Einheit".

15. Mai 1947
Die zerstörte Marienbrücke wurde wieder vollständig für den Verkehr freigegeben.

13. Juni 1947
Im Alter von 55 Jahren starb auf ungewöhnliche, niemals geklärte Art und Weise, der Sozialdemokrat Dr. Rudolf Friedrichs.

8. Oktober 1947
Die Sowjetische Militäradministration erließ den Befehl 234. Er legte die zusätzliche Lebensmittelversorgung und Bezugsscheine für Bekleidung in Schwerpunktbetrieben fest.

23. April 1948
In der Sowjetischen Besatzungszone wurden volkseigene Betriebe gegründet (VEB). Zu den ersten Dresdner Betrieben gehörte die Waldschlösschen-Brauerei und die Mechanischen Werkstätten Naumann & Seidel, nunmehr VEB Schreibmaschinenwerk.

15. November 1948
Die erste HO-Verkaufsstelle wurde am Dresdner Postplatz eröffnet.

22. September 1948
Wiedereröffnung des Dresdner Schauspielhauses.

28. Juni 1949
Die Augustusbrücke wurde als „Georgi Dimitroff-Brücke" neu eingeweiht.

6.-21. August 1949
Dresdner Vogelwiese öffnete nach zehnjähriger Unterbrechung.

7. Oktober 1949
Gründung der DDR.

Während die großen Geschwister in der Schule sind, können die beiden noch fröhlich toben.

Endlich ein erfrischendes Bad!

Schöne weiße und gesunde Zähne

1907 begann der Apotheker Heinsius von Mayenburg am Dresdner Altmarkt mit der Herstellung von Zahnpasta. Vier Jahre später fand die I. Internationale Hygieneausstellung in Dresden statt und die mittlerweile maschinell gefertigte Chlorodont-Zahnpasta wurde mit einer Goldmedaille gewürdigt. Von Mayenburg verlegte seine Produktion in die Dresdner Neustadt. In einem dreistöckigen Gebäude an der Königsbrücker Straße stellten sechzig Arbeiter die Pasta her. Ab 1941 mussten Zwangsarbeiterinnen aus den besetzten Ostgebieten die Produktion sichern. Vielfältige Reklame und ein Werbefilm über die „lebenden Werkzeuge" machten die Zahnpasta populär. Sie sollten deren Bedeutung für die Erhaltung der Arbeits- und Wehrkraft dokumentieren. In den meisten Familien gehörte das morgendliche und abendliche Zähneputzen zur Selbstverständlichkeit. Während fast alle lebensnotwendigen Dinge fehlten, lag Zahnpasta meistens bereit oder wurde auf dem Schwarzmarkt besorgt. Aus den Leo-Werken wurden später der VEB Elbe-Chemie.

und Jungs nahmen die „Neuen“ nicht ernst und brachten so manchen zur Verzweiflung. Brigitte Schlechte besuchte von 1944 bis 1950 die 13. Grundschule in der Rothenburger Straße und kann sich noch an einen Neulehrer erinnern, den Musiklehrer Theo Adam. Von dem sagt sie: „Er hat uns alle Volkslieder beigebracht. Er war ein guter Lehrer!“

Wir werden größer

Wir waren den Babyschuhen schon längst entwachsen, während unser Land als Deutsche Demokratische Republik noch in den Babyschuhen steckte. Am 7. Oktober 1949 wurde die DDR geboren und vier Tage später der ehemalige Tischler Wilhelm Pieck zum Staatspräsidenten gewählt. Einen Monat nach der DDR-Gründung erklang zum ersten Mal deren Nationalhymne. „Auferstanden aus Ruinen und der Zukunft zugewandt, Deutschland, einig Vaterland,“ lautete der Text. Im Lesebuch für das zweite Schul-

Oma las uns gerne Geschichten vor und wir hörten aufmerksam zu.

Vom Kreuzschüler zum Neulehrer und Opernstar

Theo Adam kam am 1. August 1926 in Dresden zur Welt und wurde Schüler des berühmten Dresdner Kreuzchores. Mit 18 Jahren musste er zur Wehrmacht und danach in Kriegsgefangenschaft. Nach seiner Entlassung nahm er Gesangsunterricht und wurde Neulehrer. Nun gab der ehemalige Kreuzchorschüler selbst Unterricht und die Schüler waren von dem jungen Lehrer begeistert. 1949 begann für Theo Adam die Bühnenlaufbahn als Opernsänger. Der Bassbariton sang später an fast allen großen Theatern Europas. Einer seiner Glanzrollen war der Ochs von Lerchenau in der Oper „Der Rosenkavalier“. Der Dresdner erhielt für seine künstlerischen Verdienste den Nationalpreis den Vaterländischen Verdienstorden der DDR und das Bundesverdienstkreuz, wurde Ehrenmitglied des Deutschen Musikrates und der Semperoper in Dresden.

Theo Adam war über Jahrzehnte der berühmte Bassbariton an der Dresdner Oper.

jahr war ein Jahr darauf der Text abgedruckt. Wir mussten ihn lesen, lernen und die Hymne singen. Im Schulbuch standen Geschichten über Lenin, Stalin und unseren Staatspräsidenten Wilhelm Pieck. Auswendig lernten wir das Gedicht: „Kleine Friedenstaube flieg …“ und von Dichterfürst Goethe: „Ich ging im Walde so für mich hin“. Wir lasen die Geschichte: „Der kleine Hävelmann“ von Theodor Storm und das Märchen: „Der Wolf und sieben Geißlein“ der Gebrüder Grimm.

Die säggsche Bäbe

Allmählich waren wir alt genug, um ein bisschen im Haushalt mithelfen zu können. Wir wuschen Tassen und Teller in einer Wasserschüssel mit einem Aufwaschtuch sauber und trockneten das Geschirr ordentlich ab, kippten die Ofenasche in die Aschegrube und passten gut auf, dass nichts danebenfiel. Um Hilfe beim Kuchenbacken musste man uns nicht lange bitten. Mutti verstand es fabelhaft, trotz fehlender Zutaten, eine Bäbe zu backen. Die „säggsche Bäbe“ wurde in einer runden, hohen Backform mit Fächern gebacken. Es gab unterschiedliche hauseigene Rezepte, ebenso mehrere Namensgebungen, beispielsweise Korinthen- oder Napfkuchen. Die „beschwipste Bäbe“ hatte Alkohol im Kuchen, meist ein bisschen Eierlikör. Der Schnaps verfeinerte den Geschmack. Oh, so ein Schluck Eierlikör war ein Genuss und das Naschen köstlich! Kein Eierlikör kommt dagegen in die bis heute als sächsische Spezialität bekannte Eierschecke. Schecke, das bedeutet so etwas wie „bunt machen“ und bezieht sich auf den Querschnitt des Kuchens: die braune Decke, die gelbe Eiercreme und die weiße Quarkmasse. Klar, wir haben bei der Zubereitung gerne und fleißig genascht. Lecker war auch immer ein Apfel- oder Pflaumenku-

1956 eröffnete dieser Biergarten am Platz der Einheit.

Eine besondere Attraktion sind die Bastei und die Basteibrücke.

chen nach Muttis ganz speziellem Hausrezept. Und manchmal waren letztendlich nur noch ein paar Pflaumen und Äpfel übrig, weil wir zu viel Teig probiert hatten.

Unterwegs

Natürlich liebten wir auch Spaß und Spiel. Und dafür sorgten die Eltern, die Schule und wir selbst. Papa und Mama unternahmen mit uns Ausflüge, die Schule organisierte Klassenfahrten. Dabei lernten wir die wunderschöne Dresdner Umgebung kennen, das Jagdschloss des Kurfürsten August des Starken in Moritzburg, das Weihnachtsland Erzgebirge, das Osterland Oberlausitz und dann die herrliche Sächsische Schweiz. Diese Touren unternahmen wir mit dem Drahtesel, also unserem Fahrrad, der Eisenbahn und dem Dampfer. So eine Schiffsfahrt auf der Elbe war lustig und interessant. Der Kapitän erzählte von den Sehenswürdigkeiten an den Elbufern und machte auch ein paar Witze. Die großen Dampfer trugen die Namen „Frieden“, „Freundschaft“, „Junger Pionier“. Manche Schiffe hatten auch Städtenamen an der Bordwand stehen.

Mutti, wie heißen die riesigen Felsen?

Hier gibt's gleich Streit.

Fundstücke

In unserem Wohnviertel gingen wir ebenfalls auf Entdeckungsreisen, beispielsweise durchstreiften wir waghalsig die Ruinen, kletterten auf Trümmerberge. Das war kreuzgefährlich. Wie leicht konnte eine Wand einfallen, wie schnell konnte man in ein Kellerloch abstürzen und sich schwer verletzen! Trotzdem, wir waren heiß auf Abenteuer und vielleicht fanden wir Schätze: einen Puppenwagen, eine Schubkarre ... Kein Wunder, dass wir oft mit schmutzigen Hosen nach Hause kamen. Aber manches Fundexemplar war mitunter wichtiger und wertvoller als ein dreckiges Kleidungsstück. Die Wäsche konnte Mutti ja im Waschkessel waschen. Fast in jedem Haus befand sich neben dem Kohlenkeller einen Waschraum.

Wir spielen

Ungefährlich war es dagegen, im Sandkasten zu spielen und Burgen zu bauen oder bunte Ton- oder Lehmmurmeln kugeln zu lassen. Beim Murmeln versuchten mehrere Kinder drei Murmeln aus vier Meter Entfernung in ein Loch rollen zu lassen. Beim Hüpfspiel Himmel und Hölle malten wir mit Kreide mehrere Hüpfkästen auf die Pflastersteine. Danach begann das Hüpfen, rückwärts, vorwärts, auf einem Bein. Die Er-

1952 gewann der VP Dresden den FDGB -Pokal.

Nach der Schule war Freizeit. Mädchen, einige mit Pionierhalstuch, fuhren stolz mit ihren Puppenwagen herum

Meistertänzerin Gret Palucca (1902–1993)

Gret Palucca, eigentlich Margarethe Paluka, erhielt in Dresden exzellenten Ballettunterricht bei Heinrich Kröller und der weltberühmten Tanzpädagogin Mary Wigmann. 1924 begann Gret Palucca ihre Solotanzkarriere, ein Jahr später eröffnete sie ihre eigene Tanzschule in Dresden. Zweigstellen in Berlin und Stuttgart folgten. 1939 musste die Meistertänzerin wegen ihrer jüdischen Abstammung die Unterrichtstätigkeit beenden, die Schule wurde geschlossen. Während des Bombenangriffs auf Dresden am 13. Februar 1945 ging zudem ihr gesamter Besitz verloren.

Kurz nach Kriegsende, im Juli 1945, begann Gret Palucca wieder zu unterrichten. 1949 erfolgte die Verstaatlichung der Schule und drei Jahre später legte Palucca ihr Amt als Schulleiterin nieder. Die staatliche Kommission für Kunstangelegenheiten hatte sich massiv in die Ausbildung und Konzeption der Schule eingemischt. Bald danach berief der Minister für Kultur die Tanzpädagogin erneut zur künstlerischen Leiterin der Schule.

Trotz der Meinungsverschiedenheiten mit dem Staat wurde Palucca zur Professorin ernannt und erhielt in Folge zahlreiche Auszeichnungen, so den Vaterländischen Verdienstorden in Gold und den Nationalpreis der DDR. Inzwischen ist die Paluccaschule die einzige Tanzschule in Deutschland mit Hochschulstatus.

wachsenen meinten: „Diese Spiele machen nicht nur Spaß, sie sind auch für die Gesundheit gut!"

Mancher Vati, sofern er aus dem Krieg bzw. der Kriegsgefangenschaft zurückgekehrt war, lehrte seinen Jungen das Ballspielen und sagte: „Ein Junge muss Fußball spielen können!" Auch wenn das mancher Junge gar nicht wollte! Vater klärte auf: „Aus Dresden kommt Helmut Schön, einer der erfolgreichsten Stürmer. Der ‚Mann mit der Mütze' hat den SC Dresden 1943 und 1944 zum deutschen Meister gemacht! Junge, du musst einfach Fußballer werden!" Dabei marschierte mancher Vater viel lieber ins Dresdner Rudolf-Harbig-Stadion und schaute den Kikkern zu als selbst aktiv zu ballern. Damals waren die VP-Fußballer (Volkspolizisten) in Dresden die Stars. Aus der Mannschaft ging „Dynamo-Dresden" hervor.

Die kleinen Mädchen schwärmten von einer Primaballerina und ihr Vorbild war die Tanzpädagogin Gret Palucca. Ihr Traum war es, so gut wie Palucca zu tanzen und auf der Paluccaschule aufgenommen zu werden. Die Anforderungen hierfür waren groß und nur wenige Mädchen schafften die Aufnahmeprüfung. Doch es gab in Dresden noch andere Tanzschulen, so das Kinderballett Morena.

Es war viel los!

Ein Riesenfest

Im August 1952 fand in Dresden das „1. Treffen der Jungen Pioniere“ statt. Es fiel in die Zeit der Ferien und viele von uns nahmen an den Ferienspielen teil, in denen Pionierleiter und Ferienbetreuer mit uns Theaterstücke, Tänze und Lieder einstudierten. Wir freuten uns seit langem auf dieses groß angekündigte Pioniertreffen, denn ein Riesenfest für Kinder hatten wir bis dahin noch nicht erlebt. Als hoher Gast erschien sogar der erste Präsident der Deutschen Demokrati-

Zu besonderen Festen wurden Tänze, Laienspiele und Lieder einstudiert.

schen Republik: Wilhelm Pieck. Er wurde mit Fähnchen und Blumen sowie dem Pioniergruß: „Seid bereit!“– „Immer bereit!“ empfangen.

Viel Spaß

Neben dem Pflichtprogramm waren sportliche Spiele und Vergnügungen wie Sackhüpfen und Eierlauf angesagt. Man wurde in einen Kartoffelsack gesteckt und musste dann loshüpfen. Wer als Erster am Ziel ankam, war Sackhupfmeister oder hatte wichtige Punkte für seine Mannschaft eingeheimst. Der nächste Wettkampf hieß Eierlauf. Wir hielten in der Hand einen Löffel. Darauf befand sich ein Ei. Das Ei war selbstverständlich kein Hühner-, sondern ein unzerbrechliches Kalk- oder Pappei. Auf Los ging es los! Das Laufen begann. Geschicklichkeit und Schnelligkeit waren angesagt. Fiel das Ei vom Löffel, kam das Aus für den Teilnehmer. Auch das Schubkarrefahren machte Laune. Zwei oder drei Paare wurden zusammengestellt und jeweils ein Kind setzte seine Hände auf die Wiese, ein anderes nahm die Beine in die Hand. Dann fiel der Startschuss: „Eins, zwei, drei!“ Den Mannschaften wurde zugejubelt und schließlich bekam das Siegerpaar einen kleinen Preis: Ein Malbuch, einen Bleistift, Radiergummi, ein Lineal, einen Luftballon, Ball ... Auch für Speis und Trank hatten die Veranstalter gesorgt. Ganz wichtig war der Verpflegungsbeutel. Darin steckten feine Sachen: ein hartgekochtes Ei, Butterkekse, ein Riegel Milchschokolade, ein Limonadengetränk mit Orangengeschmack. Allein schon wegen dieser Leckereien wollten wir unbedingt an diesem Treffen teilnehmen.

60 000 Kinder zählte man bei diesem Pioniertreffen. Einige Hundert davon durften sogar das

CHRONIK

1. Juni 1950
Die Dresdner Kindereisenbahn wurde anlässlich des „Internationalen Kindertages“ in Betrieb genommen.

18. Juni 1950
In Dresden Johannstadt wurde ein neues Zentrum der jüdischen Gemeinde eingeweiht, die Synagoge in der Fiedlerstraße.

1. Juli 1950
Eingemeindung der Stadtteile Hosterwitz, Niedersedlitz, Hellerau, Klotzsche, Wilschdorf, Nieder- und Oberpoyritz, Pillnitz, Zschachwitz und Zschieren.

9. November 1950
Die Dresdner Stadtverordnetenversammlung bestätigte Oberbürgermeister Walter Weidauer in seinem Amt.

27. Februar 1951
Das erste Dresdner HO Kaufhaus wurde an der Wilsdruffer Straße eröffnet.

22. April 1951
Grundsteinlegung für die Pirnaische Vorstadt.

26. August 1951
Das Elbschloss „Albrechtsberg“ wurde als „Pionierpalast“ eröffnet.

18. September 1951
Die „Illgen Kampfbahn“ wurde als „Rudolf-Harbig-Stadion“ eingeweiht.

18. April 1952
Die Dresdner Stadtverordnetenversammlung beschloss eine Neuordnung der Verwaltung. Aus zwanzig Stadtbezirken wurden nunmehr neun.

25. Juli 1952
Der Sächsische Landtag beschloss, das Land Sachsen in drei Bezirke aufzuteilen. Dresden verlor damit seinen Status als Landeshauptstadt.

Auf der Ehrentribüne: Rosa Thälmann, Wilhelm Pieck und Erich Honecker

erste Mal kostenlos mit der Pioniereisenbahn fahren. Sie war zwei Jahre vorher als erste Kindereisenbahn der DDR eröffnet worden.

Stolze Pioniereisenbahner

„Fahrt frei!", hieß es in Dresden am 1. Juni 1950, dem Internationalen Kindertag. Eingeweiht wurde die erste Kindereisenbahn der DDR. 25 000 Kinder jubelten an der Strecke dem Zug mit der Dampflok „Moritz" zu. Kurz darauf bekam die Bahn den ehrenvollen Namen: „Pioniereisenbahn" und die ersten „Pioniereisenbahner" wurden ausgebildet. Die Strecke führte vom Bahnhof „Frohe Zukunft" am Bahnhof Fucikplatz (heute Straßburger Platz) zum Bahnhof „Freundschaft". Hier am Zoo stiegen immer viele Fahrgäste ein und aus. Dieser Bahnhof war quasi der „Hauptbahnhof" der Minibahn mit zentralgesteuerten Anlagen, Bahn- und Lokschuppen. Weiter führte die insgesamt 5,6 Kilometer lange Strecke vorbei am Gondelteich Carolasee und der beliebten Gaststätte Carolaschlösschen, an der Freilichtbühne Junge Garde und dem Palaisteich. Schließlich war der Liliputaner wieder am Bahnhof Zoo und fuhr zurück zum Ausgangsbahnhof. Entlang der Strecke winkten viele Leute den Fahrgästen zu, vor Wegübergängen war eine Schranke und der Lokführer, ein erfahrener Eisenbahner, drückte auf den „Tuten-Knopf". Der Pionier-Schrankenwärter grüßte seinen großen Kollegen vorschriftsmäßig.

Mit der Pioniereisenbahn fuhren immer viele Menschen durch den Großen Garten.

Viele Schüler(innen) versahen bei der Kleinbahn als Kassierer, Aufsicht, Zugschaffner oder Schrankenwärter ihren Dienst. In einem Plan waren die Einsatztage und Tätigkeiten ordnungsgemäß festgelegt. Aber die meisten von uns – gleich ob Mädchen oder Jungen – hatten so viel Spaß an dieser Aufgabe, dass sie nicht nur an einem Tag in der Woche Pioniereisenbahner sein wollten, sondern sich für zusätzliche Dienste am Wochenende meldeten. Es war schön, die kleinen und großen Leute durch den Park zu begleiten oder am Fahrkartenschalter das Geld für die Karten zu kassieren. Wir trugen stolz

Schmuck ist nicht allein die Bahn, sondern auch die kleine Eisenbahnerin in Uniform.

unsere Eisenbahnermütze und grüßten höflich die Fahrgäste.

Nun konnten nicht alle Dresdner Kinder ihre Freizeit bei der Pioniereisenbahn verbringen, aber es gab ja auch andere interessante Angebote. Jungs bevorzugten die technischen und sportlichen Arbeitsgemeinschaften, die Mädels gingen in den Puppennähzirkel, Koch- oder in einen Tanzkurs. Viele von uns wurden „Junge Naturforscher“ und „Junge Sanitäter.“ Die Veranstaltungen fanden in Schulen, Pionierhäusern, Kultur- und Sportklubs statt. Bereits 1951 wurde das Schloss Albrechtsberg, eines der berühmten drei Elbschlösser, zum Pionierpalast umgestaltet und damit zu einem Zentrum für Kinder. Der Palast hatte täglich geöffnet. Unvergessen blieb manche Märchenstunde im zauberhaft mosaikgefliesten „Türkischen Bad“. Hier hörten wir „Schneewittchen und die sieben Zwerge“, „Der

Zu den Ferienspielen gehörte auch das Hissen der Fahne, der Fahnenappell.

Zur Erinnerung an die Ferienspiele.

Froschkönig" der Gebrüder Grimm sowie russische Märchen über die „Hexe Baba Jaga". An einem Ferientag spielten, tanzten, malten, sangen, turnten in diesem Schloss mehrere hundert Kinder, kostenfrei, das verstand sich zu jener Zeit von selbst.

Unsere Aktivitäten wurden auf dem Zensurenblatt erwähnt. Das freute natürlich jede Schülerin, jeden Schüler. Schließlich erhielten wir für gute Noten von Oma, Opa, Tanten, Onkels und den Nachbarn ein paar Märker. Wir scheuten uns auch nicht, die „Dreier" oder sogar „Vierer" zu präsentieren. Meistens griffen die Erwachsenen trotzdem in das Portemonnaie. Und wir versprachen, unsere Zensuren bis zum nächsten Zeugnis ein bisschen zu verbessern, fleißig zu lernen und uns in Ordnung, Fleiß und Betragen anzustrengen.

Zuckerwatte und Autoscooter

Mädchen wie Jungen liebten die Vogelwiese. Die zahlreichen Fahrgeschäfte und Fressbuden lockten zu einem Bummel über den Rummel. Mittwochs war Kindertag. Da brauchten Mama, Papa, Oma oder Opa nur die Hälfte des Fahrpreises zu berappen. Statt fünfzig kostete eine Fahrt mit dem Riesenrad nur dreißig Pfennig. Wie krabbelte und kribbelte es im Bauch, wenn wir Riesenrad fuhren und die Gondel ganz oben plötzlich stehen blieb. Wir schaukelten munter drauflos, obwohl das gar nicht erlaubt war.

In der Geisterbahn schrien wir uns die Seele aus dem Leib, besonders die Mädchen. Plötzlich bekamen wir einen nassen Lappen ins Gesicht geschleudert, eine Gespensterfigur erschreckte uns mit lautem „Ho, ho!" oder fuhr mit der feuchten Hand durch das Haar. Die Kleineren quietschten auf dem Schaukelpferd und der Kinderrutsche, die Größeren liebten es etwas toller. Richtig zünftig war eine Fahrt mit dem Kettenkarussell und dem Autoskooter. Jawohl, das machte echt Laune, im Auto kräftig Gas zu geben und kleine Karambolagen zu provozieren! Natürlich bekamen wir auch meist etwas zu naschen, die Großeltern spendierten großzügig. Zuckerwatte aßen wir alle gern. Wir züngelten das süße Zeug und bald klebte es an Backe und Nase. Das war zwar ein bisschen unangenehm, aber Zuckerwatte schmeckte doch so lecker. Und dann das Haselbauer-Eis! Hm, einfach köstlich und über die Grenzen Dresdens bekannt.

Der Flohzirkus

Oma liebte die Dresdner Quarkkeulchen und schwärmte vom Flohzirkus auf der Vogelwiese: „Die kleinen Flöhe waren angeblich dressiert,

Einst zählte die Dresdner Vogelwiese neben dem Münchner Oktoberfest zu den „Kronen der Volksfeste" in Deutschland.

trugen große Dinge fort – bis zu 50 Gramm mehr als ihr Körpergewicht betrug. Die Flöhe balancierten auf dem Seil, spielten mit einem Mini-Fußball. Die Blutsauger mit ihren artistischen Leistungen konnten in einer Glasvitrine durch ein Vergrößerungsglas bewundert werden." Zu unserer Zeit waren Flohzirkusse passé, aber mancher Schausteller lockte uns zum Karussellfahren mit den Worten: „Na, du kleiner Floh, fahr mal eine Runde!" Das war eine echte Beleidigung. Wir waren immerhin schon längst über einen Meter groß und verzichteten unter diesen Umständen großzügig auf eine Fahrt. Wenn uns der Schausteller allerdings für einen Groschen oder sogar kostenlos auf das Karussell ließ, nahmen wir den Floh in Kauf.

Von Halbstarken

Manchmal zogen wir auch alleine, ohne Erwachsene, auf die Vogelwiese. Da waren wir etwas ausgelassener und vor allem unbeobachtet. Wir lümmelten uns lässig ans Geländer und hörten die laute Rummelmusik, die war nach unserem Geschmack. Und wir trugen auffällige Sachen, unsere Hände steckten tief in den Hosentaschen. Im Beisein von Mama oder Oma durften wir das nicht. Sie schimpften: „Wie sieht das aus?" Na, gewiss besser als die Bierflasche in der Hand! Ohne Elternkontrolle erlaubten wir uns manchen Scherz. Die Jungs konnten die Mädchen ärgern, zogen am Zopf oder kitzelten sie durch. Anscheinend hatten das die Mädels gern, sonst wären sie ja nicht auf die Vogelwiese gekommen. War ein Mädchen beleidigt und es gefiel uns, schenkten wir als Entschädigung eine rote Rose – natürlich nur eine künstliche. Wir waren halt im Sturm- und Drangalter und viele von uns kamen täglich auf den Platz und hatten ihr Vergnügen. Leider vergingen die drei Wochen Vogelwiese viel zu schnell.

Alltag und Volksaufstand

Die Elefantendame Carla

Wer am „Tag der Republik" geboren wurde, hatte Glück. Zu runden DDR-Jubiläen bekam das Geburtskind Geschenke, wurde zu besonderen Feierlichkeiten eingeladen, durfte als Fünf- und Zehnjähriger am 1. Mai sogar auf der Ehrentribüne am Altmarkt den Demonstranten mit Fähnchen winken. Die ehemals schmale Wilsdruffer Straße wurde in Ernst-Thälmann-Straße umbenannt und auf 50 Meter verbreitert, um hier große Paraden durchführen zu können.

Jubiläumskinder und Thälmann-Pioniere mit guten Leistungen erhielten zu besonderen Festlichkeiten kostenlos Eintrittskarten für den Zoologischen Garten. Der Preis für eine Zookarte war zwar recht preiswert, aber geschenkt ist geschenkt und zudem war es ja eine kleine Auszeichnung. Dabei gab es nach dem Krieg im Zoo zunächst sehr wenig Tiere, denn nur 15 der ursprünglich 3000 Tiere hatten den Bombenangriff überlebt. Allmählich stieg in den Nachkriegsjahren der Tierbestand an und es war ein einzigartiges Erlebnis, die herumalbernden Affen und die vergnügt daherwatschelnden Pinguine zu beobachten.

1951 brachte ein Güterzug der Deutschen Reichsbahn eine Elefantenkuh nach Dresden, eingekauft aus einem Westzoo. Vom Güterbahnhof Dresden-Friedrichstadt wurde die indische Dickhäuterdame durch die zerstörte Stadt geführt. Die Zeitungen schrieben: „Der Umzug glich einem Triumphmarsch!" In der Folgezeit stürmten die Dresdner in den Zoologischen Garten und bewunderten Carla, so der Name des 45 Zentner schweren und über zwei Meter hohen Tieres. Tausende großer und kleiner Besucher standen staunend am Elefantengraben. Manchmal schnappte der Rüssel der schwergewichtigen Dame nach einer Tasche, einem Beutel oder einem Schirm. Pech für den Zoobesucher!

Schnaps als Hausmittel

Die Nachricht von einer schweren Erkältung der Elefantendame bewegte die Gemüter und bot tagelang Gesprächsstoff. Schließlich bekam das

Der Dresdner Zoo war stets sehr beliebt und gut besucht.

kranke Tier eine Flasche Schnaps – ein altes Hausmittel für Elefanten! Carla trank den Weinbrand in einem Zuge aus. Ein paar Tage später trabte Carla wieder vergnügter durch die Anlage. Da die Inderin keine Spielgefährten hatte, wurde ihr eine Ziege beigesellt. Siehe da, Carla schloss allmählich Freundschaft mit dem Haustier! Es durfte sogar durch die gewaltigen Beine kriechen und die Kuh berührte mit dem großen Rüssel liebevoll die Ziege. Das ungleiche Paar erhielt reichlich Geschenke, sogar einen Leierkasten! Doch damit konnten die beiden nichts anfangen – es waren die Affen, denen die Musikkiste schließlich gefiel.

Die zahlreichen neuen Tiere, die der rührige Zoodirektor Dr. Wolfgang Ullrich für den Zoo beschaffte, erhöhte dessen Attraktivität gewaltig. Und der Zoodirektor selbst wurde aufgrund seiner liebenswürdigen Ausstrahlung später sogar zum Fernsehliebling der ganzen DDR.

17. Juni 1953

Wir gingen wie jeden Morgen zur Schule. Vor unserem Schulgebäude wie auch an Betrieben und Plätzen standen an diesem Tag Panzer mit Sowjetsoldaten. Was hatte das zu bedeuten? Der Klassenleiter sagte besorgt: „Heute fällt der Unterricht aus! Geht wieder nach Hause, möglichst schnell, ohne Umwege!“ Egal, ob wir acht, elf oder vierzehn waren, wir spürten die Gefahr, uns war seltsam zumute. Zu Hause angekommen, wussten auch die Eltern und Nachbarn nicht so recht, was geschehen war. Langsam sickerten Nachrichten durch. Arbeiter kämpften gegen Normerhöhungen, in Betrieben wurde gestreikt, auf den Straßen demonstrierten Frauen und Männer. Im Dresdner Sachsenwerk, so sagte man, wären besonders große Streikaktionen. Die Arbeiter aus dem Elektrobetrieb im Osten der Stadt hatten zur Demonstration aufgerufen. Ihnen schlossen sich Tausende Menschen an, so auch die Künstler vom Operettentheater Leuben. Die Demonstration unter Leitung der Sachsenwerker führte bis in das Dresdner Zentrum. Die Arbeiter aus der Elektromaschinenfabrik hatten vor allem mächtigen Zorn

Neubauten und Trümmer. In der Mitte der 50er Jahre waren die baulichen Narben aus dem Zweiten Weltkrieg noch längst nicht beseitigt – Weder im Osten noch im Westen. Hier der Blick vom Trümmerberg der Frauenkirche auf den Neumarkt. Im Hintergrund ist die Neubaubebauung am Altmarkt zu erkennen.

wegen der hohen Reparationsforderungen der Sowjetunion. Seit Kriegsende lieferte das Werk seine Produkte kostenlos an das Freundesland.

Die Stimmung in der Bevölkerung hatte einen Tiefpunkt erreicht. Die drei SED-Größen, der bärtige Walter Ulbricht, der beleibte Wilhelm Pieck und der durch die Feingeist-Brille blickende Otto Grotewohl, wurden wegen der Mangelwirtschaft kritisiert. Sie beherrschten kaum die schwer durchschaubare Lage und riefen das Bruderland um Hilfe.

Frieden, Krieg, Hilfe

Der sowjetische Militärkommandant des Bezirks und der Stadt Dresden verhängte den Ausnahmezustand und zwischen 21.00 Uhr und 5.00 Uhr durfte niemand auf die Straße. Sowjetsoldaten streiften mit ihren Fahrzeugen durch die Stadt. Trotzdem besuchten sich Nachbarn und Freunde gegenseitig und diskutierten über die Ereignisse. Wir Kinder lauschten den Gesprächen und konnten manches nicht verstehen. Immer wieder fielen die Worte Frieden, Krieg, Hilfe.

Aus dem Westen kam keine Unterstützung und aus dem Osten rückten immer mehr Panzer an, um den Aufstand niederzuschlagen. Diejenigen Arbeiter(innen), die besonders eifrig gegen das Regime gewettert, politische Witze verbreitet und auf Plakaten bissige Losungen geschrieben hatten, wurden verhaftet und kamen ins Gefängnis. Eine der Losungen lautete: „Spitzbart, Bauch und Brille sind nicht des Volkes Wille!“ Während der Demonstrationen tauchte immer wieder ein Galgen mit einer Puppe auf, deren Ähnlichkeit mit dem ungeliebten Staatsratsvorsitzenden Walter Ulbricht nicht von der Hand zu weisen war.

Neues Geld muss her

Seit 1955 wurden in der DDR insgeheim neue Banknoten gedruckt. Der junge Sachbearbeiter Dieter Lorenz erinnert sich an die spätere Nacht- und Nebelaktion: „Alle Sparkassenangestellten sollten sofort in ihre Filiale kommen. Doch das neue Geld war noch nicht da, starker Nebel behinderte den Transport. Inzwischen standen die Leute Schlange. Nun ja, anstellen gehörte zum sozialistischen Alltag. Diskussionen und Kartenspielen verkürzten die Wartezeit. Schließlich hielten die Kunden ihren Personalausweis bereit, denn die Umtauschsumme von 300-Ostmärkern wurde darin vermerkt. Gefängnis oder Zuchthaus drohte Spekulanten und staatsfeindlichen Hetzern. Dieter Lorenz führt heute Gäste durch das Dresdner Sparkassenmuseum und präsentiert die DDR-Schätze.“

Am 13. Oktober 1957 erfolgte die Geldumtausch-Aktion, nachdem schon Jahre vorher neue Banknoten gedruckt worden waren.

750 Jahre Dresden

Bei jedem Wetter?

1956 freute sich ganz Dresden, also auch wir, auf das große Stadtjubiläum. Einer der Höhepunkte des Festgeburtstags sollte der historische Umzug am ersten Sonntag im Rosenmonat Juni sein. Das Organisationsbüro verkündete: „Der Festzug findet bei jedem Wetter statt". Und so kamen viele Gäste mit Auto, Bahn und Schiff in die Bezirksstadt. Doch der Wettergott zeigte den Dresdnern und seinen Gästen kein freundliches Gesicht. Der Himmel weinte. Es goss wie aus Gießkannen und die aufwändigen Kostüme und bunten Dekorationen waren schon vor Beginn des Umzuges durchnässt. Die Organisatoren entschieden sich für einen Abbruch.

Regen

Die mit Schirmen bewaffneten und mit Regenmänteln bekleideten Besucher entlang der Straßen erfuhren erst nach und nach, dass der Umzug ausfiel. Es gab keine Lautsprecher, über die man die vielen Menschen hätte informieren können. Die Leute reagierten verärgert, dennoch strömten am Sonntag darauf die Menschen erneut an die Straßen. So einen festlichen Umzug wollten sich die Dresdner keinesfalls entgehen lassen. Aber der mit großem Aufwand vorbereitete Umzug fiel auch am Sonntag darauf ins Wasser. Wieder durchkreuzte der Regen das Fest und ein neuer Termin wurde bekannt gegeben: Sonntag, der 24. Juni 1956.

Jetzt erst recht!

Und erneut zogen dunkle Wolken am Himmel auf. Doch diesmal war die Entscheidung trotz Nieselregens klar: „Der Umzug findet statt!" Hoch zu Ross kündeten die Herolde das große Dresdner Stadtereignis an, und damit man wisse, um was es eigentlich geht, trugen die schönsten Mädchen der Elbestadt auf ihren schwachen Schultern ein riesiges Stadtwappen voran. Von einer Kapelle gebührend angekündigt, marschierten dann die Dresdner Stadtverordneten durch die Straßen, winkten nach rechts und nach links, wobei mancher Wähler seinen Volksvertreter

CHRONIK

5. März 1953
Der sowjetische Staats- und Parteichef Josef Stalin stirbt. Auch in Dresden wurde ein großer Trauermarsch organisiert.

10. Mai 1953
Ehrenbürger der Stadt Dresden wurde der dänische Dichter Martin Andersen Nexö. Sein Erfolgsbuch hieß „Ditte Menschenkind".

31. Mai 1953
Walter Ulbricht legte den Grundstein für die Neubebauung des Altmarktes.

17. Juni 1953
Volksaufstand in der DDR. Auch Dresden wurde ein Zentrum der Auseinandersetzungen und in den Ausnahmezustand versetzt.

1. Januar 1954
Die Sowjetunion gab das „Sachsenwerk Niedersedlitz" an die DDR zurück.

18. August 1954
Die Wilsdruffer Straße wurde in Ernst-Thälmann-Straße umbenannt.

13. Februar 1955
Die Kreuzkirche am Altmarkt wurde nach dem Wiederaufbau neu geweiht.

31. März 1955
Der Ministerrat der UDSSR beschloss, 750 Gemälde an die Dresdner Gemäldegalerie zurückzugeben.

12. August 1955
Anlässlich des II. Pioniertreffens der DDR in Dresden weihte Oberbürgermeister Walter Weidauer die Freilichtbühne „Junge Garde" im Großen Garten ein.

Juni 1956
750 Jahre Dresden. Das Stadtjubiläum wurde groß gefeiert und die Gemäldegalerie nach 15-jähriger Schließung wiedereröffnet.

wiedererkannte (oder auch nicht). Dresdner Originale fanden besonders viel Anklang, so der Wurstmaxe, die Waschfrauen, die Eierhanne. Vorgeführt wurde eine riesenlange „Jubilar", die extra für das erste große Stadtjubiläum von der hiesigen Zigarettenfirma hergestellt wurde. Die Dresdner „Kleidermacher" zeigten in einer Modenschau die neusten Modelle und Mannequins stellten Mode im Wandel der Zeit vor.

Sogar Bananen

Nicht nur der Umzug war etwas Besonderes, auch „Speis und Trank" fehlten nicht. Es gab Bockwürste, Bohnenkaffee und Fischbrötchen. Die Leute witzelten: „Die DDR macht sich, die Wurst kostet nur noch achtzig!" Sogar Bananen waren zu entdecken. Südfrüchte bekam, wer mit Ausdauer in der SWG, der „Sozialistischen Warte-Gemeinschaft", gestanden hatte. Pech für diejenigen, die zu spät gekommen waren! Auch damals galt schon irgendwie der Spruch: „Wer zu spät kommt, den bestraft das Leben!"

Der Umzug führte an den Ruinen der Stadt vorbei, hier am zerstörten Taschenbergpalais und der Sophienkirche, die später leider abgerissen wurde.

Unter den 80 Bildern, die der Umzug umfasste, war auch ein Wagen der berühmten „Rats-Chaisenträger" dabei. Sie gehörten einst zu den wichtigsten Unternehmen der Stadt.

Neben dem Festumzug standen noch zahlreiche weitere kulturelle und sportliche Höhepunkte auf dem Programm. Mehrere Lokale wurden neu eröffnet, kunstinteressierte Dresdner strömten in die Gemäldegalerie. Viele von uns Kindern sahen erstmals die alten Meister, Rembrandts „Sixtinische Madonna", Liotards „Schokoladenmädchen". Wir schmunzelten über die dicken Frauen mit den prallen Brüsten vom Maler Rubens. Zugegeben, diese alten Bilder, aber auch die „Neuen Meister" und die „Arbeiterbilder", waren nicht jedermanns Geschmack. Erst später erkannten wir die Bedeutung der Kunstwerke.

Die Route

Start des Festumzuges war an der damaligen Dr.-Kurt-Fischer-Allee (heute Stauffenberg-Allee). Er führte über die Königsbrücker-, Hoyerswerdaer Straße, die Albertbrücke (damals Brücke der Einheit) hinüber in die Pirnaische Vorstadt. Am Pirnaischen Platz stand die festlich geschmückte Ehrentribüne. Unter den Ehrengästen befanden sich auf den vorderen mittleren Plätzen die sowjetische Kommandantur und die Genossen der Bezirksleitung der SED, dahinter die Stadtleitung der SED sowie Dresdner Ratsmitglieder. Von der Ehrentribüne verfolgten neben westdeutschen Besuchern auch viele Gäste aus den so genannten befreundeten Ländern den bunten Zug. Als prominente Dresdner waren unter anderen die Malerinnen Lea Grundig und Eva Schulze Knabe, der Wissenschaftler Manfred von Ardenne, die Künstler Heinz Bongartz, Rudolf Mauersberger, Traude Richter, Zoodirektor Wolfgang Ullrich vertreten. Der Umzug mit 6000 Mitwirkenden führte dann weiter zum Post- bzw. Theaterplatz. Insgesamt erlebten 500 000 Menschen dieses festliche Treiben.

„Alte Meister"

Großartig für die Dresdner: Zur 750-Jahrfeier kamen die ersten 750 Bilder, in die neue Gemäldegalerie zurück, nachdem sie fachmännisch restauriert worden waren. Während des Zweiten Weltkriegs waren zahlreiche Bilder verbrannt, am Kriegsende beschlagnahmte die Rote Armee die restlichen Gemälde. Sogar ein Film über die Ret-

Natürlich durften beim Umzug alte Feuerwehren nicht fehlen. Schließlich verfügte Dresden einst über die modernsten Feuerwehren.

Das wohl bekannteste Bild in der Dresdner Gemäldegalerie: Die sixtinische Madonna.

tung der Bilder wurde in Dresden gedreht, der erste deutsch-sowjetische Gemeinschaftsfilm „Fünf Tage - Fünf Nächte“. Die Filmmusik schrieb der bekannte Komponist Dimitri Schostakowitsch. Auf Einladung der DEFA reiste Schostakowitsch nach Dresden, um sich vor Ort inspirieren zu lassen. Es entstand das achte Streichquartett, das später als Kammersinfonie recht erfolgreich aufgeführt wurde. Hauptdarsteller des Films waren Annekatrin Bürger, Marga Legal und Wilhelm Koch-Hooge. Zwinger und Gemäldegalerie durften in diesem Film natürlich nicht fehlen.

Neben Sonderbriefmarken wurden zur 750-Jahrfeier Sonderstempel und Ersttagskarten heraus gegeben.

750 Jahre Dresden

750 Jahre Dresden! Noch nie hatte Dresden ein Stadtjubiläum in einem vergleichbaren Umfang begangen. Vorhergehende Stadtjubiläen wurden im bescheidenen Rahmen oder gar nicht gefeiert. Voraus gingen andere Festlichkeiten, so die 800-Jahrfeier der Wettiner Kurfürsten im Jahre 1889. Hunderttausende Dresdner verfolgten im Februar 1932 die Trauerparade für den letzten Sachsenkönig Friedrich August III., der bei seiner Abdankung den Satz prägte: „Macht euren Dreck alleene!“.

Volksfeste zu Stadtjubiläen wurden erst Mitte der 50er Jahre des vergangenen Jahrhunderts populär. Die 750-Jahrfeier Dresdens war ein gegebener Anlass, die Stadt und den Aufbau des sozialistischen Staates zu präsentieren. Im historischen Festumzug waren 50 von insgesamt 80 Bildern der Nachkriegszeit gewidmet. Fotos von diesem Fest sind eine Rarität, denn Fotoapparate gab es kaum. Doch einige unbekannte Bilder tauchten wieder auf. Sie zeigen die Ruinen, die die Straßen säumenden Menschen, die originellen Wagen.

Die Rettung der Dresdner Gemälde stand im Mittelpunkt des ersten deutsch-sowjetischen Films: „Fünf Tage - Fünf Nächte“.

Das Wellenbad in Radebeul.

Zirkus- und Badevergnügen

Wir staunen

Bis in unsere Jugendzeit freuten wir uns über einen Zirkusbesuch, eine Faszination, der auch mancher als Erwachsener immer wieder erlegen ist. Die Zirkusse Busch, Aeros und Barlay schlugen regelmäßig ihre Zelte auf dem Dresdner Fucikplatz auf (heute Straßburger Platz). Auch die Prager Eisrevue und der sowjetische Staatszirkus begeisterten die Dresdner. Wenn der Zirkus mit den vielen bunten Wagen kam, roch es nach Elefanten und Affen. Die Menschen strömten ins Chapiteau. Jede Nachmittags- und Abendvorstellung war so gut wie ausverkauft.

Während der Zirkus in der Stadt gastierte, hatte die Tierschau ganztägig geöffnet und zog Tausende von Besuchern an. Und gleich welchen Alters, jeder versuchte – sei es versteckt oder offen – einen Blick in die noblen Wagen der Artisten zu werfen. Was uns besonders faszinierte: Zwischen den Unterkünften stand sogar ein Zirkus-Schulwagen und wir erfuhren, dass unter den Zirkusmenschen auch Kindergärtnerinnen, Krankenschwestern und Lehrer lebten und arbeiteten. Für uns waren die Zirkusmenschen ein besonderes Völkchen, so liebenswert und humorvoll. Wir staunten über die Leoparden, Tiger, Löwen und Eisbären. Wir staunten über die artistischen Leistungen unter der Zirkuskuppel und auf dem Drahtseil. Buschs acht indische Elefanten und die Löwengruppe mit den deutschen Doggen gehörten zu den Attraktionen. Natürlich durfte der Clown im Zirkusprogramm nicht fehlen. Der gehörte wie das Zirkusorchester einfach dazu.

Keine Angst vor großen Tieren

Eine kleine Frau aus Dresden war etwas ganz Besonderes, denn sie arbeitete als Dompteuse. Sie behandelte Löwen und später Eisbären wie niedliche Haustiere und hatte vor den großen Raubtieren offenbar kein bisschen Angst. Sie war die bekannteste und erfolgreichste Dompteurin jener Zeit und das, obwohl sie gar nicht im Zirkus groß geworden war: Ursula Böttcher, die 1927 in Dresden geboren wurde. Schon als Kind war es ihre große Tierliebe, die sie immer und immer wieder in den Dresdner Zoo gehen ließ. Und natürlich war sie auch vom Zirkus begeistert. Mit 25 Jahren bekam Ursula Böttcher eine Anstellung im Zirkus Busch – allerdings als Reinigungskraft! Bald aber unternahm sie ihre ersten Dompteurversuche, zunächst mit einem Esel, dem sie immerhin erste Kunststücke beibrachte. Raubtiere zu dressieren, daran war zunächst gar nicht zu denken, das wagte keine Frau. Mutig entschied sich Ursula Böttcher für ihren ungewöhnlichen Weg und präsentierte erstmals im Jahre 1955 eine Löwendressur im Zirkus Barlay.

Die 1.58 cm kleine Frau hatte nun wirklich keine Angst vor großen Raubtieren. Schließlich war es ihre Eisbärendressur, die internationales Aufsehen erregte. Ursula Böttcher gastierte als Dompteurin des DDR-Staatszirkus in Amerika, Japan, Frankreich ...

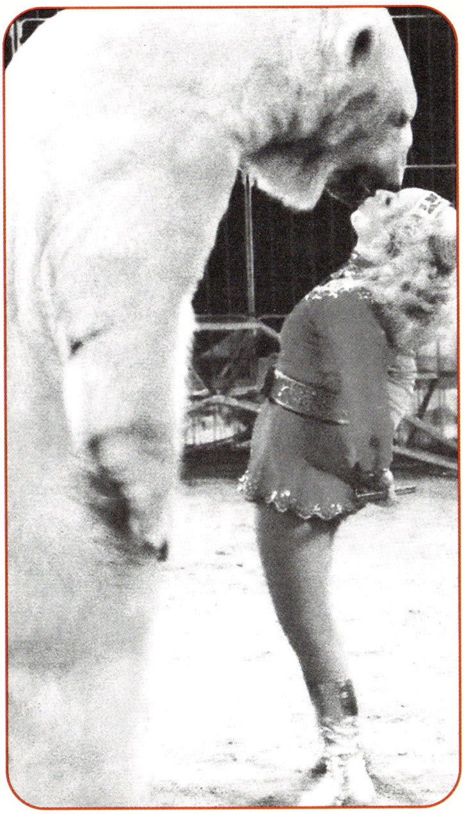

Der berühmte Eisbärenkuss ging in die Zirkusgeschichte ein.

An den Elbwiesen

Das Baden in der Elbe war einst sehr beliebt. Mehrere Elbbäder mit schönen Sandstränden konnte das alte Dresden aufweisen. Am Fluss tummelten sich Kinder und Erwachsene, darunter viele Nichtschwimmer. Im Sommer kamen die Dresdner in Scharen zum Baden und viele ältere Dresdner haben hier ihre Schwimmprüfung abgelegt.

Wir zogen gern auf die Elbwiesen und aalten uns am Strom, planschten im Wasser, schwammen eine Runde. Dabei war das Elbebaden nicht ganz ungefährlich. Ständig musste man auf die großen Elbdampfer oder kleinen Boote achten, um einen Unfall zu vermeiden. Hinzukam, dass die Elbe zunehmend verschmutzte und man mit einem Bad im Flusswasser seine Gesundheit gefährdete. In den 50er Jahren wurde vom Rat der Stadt Dresden das Baden in der Elbe bei Androhung von Strafe verboten. Die meisten Dresdner verzichteten freiwillig, aber als Jugendliche setzten sich einige von uns über das Verbot hinweg und tummelten sich in der unschönen, wohl auch schlecht riechenden, bräunlichen Brühe. Auch wenn man auf diese Weise das Eintrittsgeld für ein Freibad sparen konnte, die meisten von uns ekelten sich vor dem Elbwasser.

Ab in's Freibad!

Beliebt waren das Arnoldbad mitten in der Stadt und das Dölzschener Bad im gleichnamigen Dölzschen. Letzteres war ein offizielles Bad für Freikörperkultur und wurde von vielen Naturfreunden besucht. Nackedeis hüpften über die Wiesen und schwammen splitterfasernackt im Wasser. Im Volksmund hieß das Bad zeitweise „Lustbad". Eine Mauer trennte den „FKK"- vom Textilstrand. Gern fuhren wir in das Bilzbad nach Radebeul. Eine Wellenmaschine machte das Schwimmbad zu einer Attraktion. Spätestens zu jeder Stunde gab es neue, kräftige Wellen. Dann sprangen wir in die Fluten und tobten ausgelassen herum. Dabei rutschte uns Jungs mitunter die Badehose vom Po und die Mädchen lachten lauthals oder geniert. Wir Jungs amüsierten uns natürlich köstlich, wenn der Bikini eines Mädchens sich selbstständig machte.

Dreiecksbadehose

Aus zwei Dreieckteilen war die Dreiecksbadehose zusammengenäht. Deshalb hieß die Hose auch Dreiecks- und nicht Dreieckbadehose. Diese DDR-Erfindung war für die Knaben und Männer äußerst praktisch, vor allem beim An- und Ausziehen. Um die Hüfte wurde ein größeres Handtuch geschwungen und verknotet.

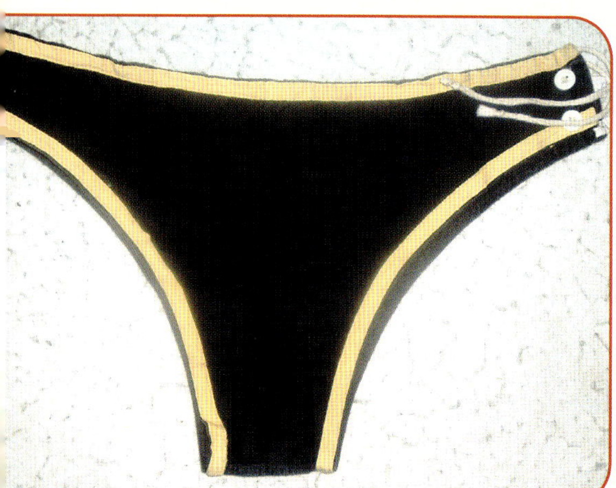

So sah sie aus: die Dreiecksbadehose!

Schwimmbäder

Der Architekt Paul Wolf (1879–1957) entwarf das Sachsenbad, das 1929 eingeweiht wurde. Das Bad aus quaderförmigen Körpern entstand als Kernstück eines größeren Sportparks, wurde als „vorbildliche Volksbadeanlage" gelobt und war in der DDR-Zeit das größte und beliebteste Hallenbad mit mehreren Schwimmbecken und einer modernen Sauna. Das Nordbad in der Äußeren Dresdner Neustadt wurde 1895 als Germaniabad eröffnet und hatte ein großes Schwimmbassin, Wannenbäder und russische Dampfbäder. Die Menschen nutzten die „Germania" vor allem als Reinigungsbad. Nach dem Zweiten Weltkrieg erhielt das Bad seinen neuen Namen Nordbad. Tausende Dresdner Mädchen und Jungen lernten hier das Schwimmen. Nachmittags konnte man sich für fünfzig Pfennig im Wasser tummeln.

Dann fummelte man an der Dreiecksbadehose herum, versuchte die an einer Seite befestigten zwei Häkchen entweder in- oder aus den zwei Ösen zu bringen. Schließlich war die Dreiecksbadehose am Körper oder sie fiel eben zu Boden. Nun konnte man seine Schlüpfer oder Turnhose anziehen. Die roten, blauen oder schwarzen „Segeltücher" waren ganz schön sexy. Sie zeigten sehr eindruckvoll unsere Konturen, die Hinterbacken waren vom Stoff unbedeckt. „Sport-Barthel", einer der bekanntesten Dresdner Sportgeschäfte, machte gute Umsätze mit der Dreiecksbadehose, die sich im Westen nicht durchsetzen konnte. Im Winter zogen wir mit unseren Badeutensilien in die Hallenbäder, wo wir auch das Schwimmen lernten. Am bekanntesten war das Nordbad in der Äußeren Neustadt sowie das Sachsenbad in Mickten.

Prominente aus Dresden

Helga Voigt,
geboren am 16. November 1940
Die talentierte Brustschwimmerin siegte mit 13 Jahren bei den Weltfestspielen in Bukarest, wurde DDR-Meisterin und als Meister des Sports ausgezeichnet. Bei einem Brand auf dem „Balkon Dresdens“ kam die Tochter der Wirtsleute (Luisenhof) mit nur knapp 16 Jahren tragisch ums Leben.

Ingo Zimmermann,
geboren am 17. Dez. 1940
Der Theologe schrieb zahlreiche historische Romane und wurde mehrfach geehrt, so mit dem Martin-Andersen-Nexö-Kunstpreis der Stadt Dresden und dem Verdienstorden des Freistaates Sachsen.

Landolf Scherzer,
geboren am 14. April 1941
Der Journalist befasste sich in seinen Reportagen kritisch mit der DDR und wurde 1994 Vorsitzender des Thüringer Schriftstellerverbandes.

Hartmut Haenchen,
geboren am 21. März 1943
Der Dresdner Kreuzchorschüler übernahm nach einem Dirigat- und Gesangsstudium die Leitung der halleschen Philharmonie. Weitere erfolgreiche Stationen als Chefdirigent waren Berlin, Schwerin und als Generalmusikdirektor Amsterdam. Die Stadt ernannte ihn nicht nur zum Ehrenbürger, sondern er erhielt auch die niederländische Staatsbürgerschaft ehrenhalber. 2003 wurde Professor Haenchen Intendant der Dresdner Musikfestspiele.

Ingrid Krämer-Gulbin,
geboren am 29. Juli 1943
Ingrid Krämer wurde mit 15 Jahren DDR-Meisterin vom 3-m-Brett und errang als 17-Jährige bei den Olympischen Sommerspielen zweimal Gold im Wasserspringen. Ein olympischer Doppelsieg war zuvor keiner Wasserspringerin gelungen. Nach dem Olympiaerfolg wurde Ingrid Krämer in der DDR und auch in der BRD zur Sportlerin des Jahres gewählt.

Udo Zimmermann,
geboren am 6. Oktober 1943
Der Kreuzchorschüler studierte an der Dresdner Musikhochschule und erlangte als zeitgenössischer Komponist internationale Anerkennung. Udo Zimmermann war als Opernintendant in Leipzig und Berlin tätig.

Thomas Fritsch,
geboren am 16. Januar 1944
Der Sohn des bekannten Schauspielers Willy Fritsch hatte als Schauspieler und Synchronsprecher vor allen in der BRD beachtliche Erfolge.

Wilfried Krätzschmar,
geboren am 23. März 1944
Nach seinem Kompositionsstudium an der Dresdner Musikhochschule begann seine Unterrichtstätigkeit. 1994 wurde Professor Krätzschmar zum Rektor der Hochschule gewählt. Seine Kompositionen bekamen im In- und Ausland hochdotierte Preise.

Feste feiern

Feucht-Fröhlich

In den 50er Jahren verbesserte sich nicht nur die Wirtschaftslage, die Menschen wollten auch endlich wieder feiern. Sei es in den eigenen vier Wänden oder im Betrieb. In den VEBs (Volkseigenen Betrieben) gab es dafür einen extra Fonds. Besondere Anlässe waren der Frauentag und der 1. Mai. Man bot Unterhaltungsprogramme und ein kaltes Büffet an.

Auf Familien- und Betriebsfesten brauchte man eine gute Kondition.

Familienfeste in den eigenen vier Wänden waren bei den meisten von uns, je älter wir wurden, nicht sehr beliebt. Das Gequatsche der zahlreichen Tanten und Onkels ging uns doch gewaltig gegen den Strich. Die Hauptthemen waren seit Jahren die gleichen, nämlich Krankheitsgeschichten: Gicht, Rheuma, Zucker. Tante Hilde jammerte über Rückenschmerzen, Onkel Benjamin klagte über seine Hühneraugen, Oma Frieda plauderte zum Thema Schlafstörungen. Diese Erzählungen nervten. Zu späterer Stunde war dann dank Alkohol Fröhlichkeit angesagt.

Unser Fest

Etwas anders sah es für uns aus, wenn wir Heranwachsenden im Mittelpunkt standen, also am eigenen Geburtstag oder zu Weihnachten. Und allmählich wurden wir wer! Mit 14 Jahren erhielten wir den Personalausweis und galten als Jugendliche. Und nun stand unser größtes Fest bevor: Konfirmation bzw. Jugendweihe. In einem Kultursaal oder Theater wurde der Festakt durchgeführt, beispielsweise im „Kleinen Haus" an der Glacisstraße in der Inneren Neustadt oder im Operettentheater Leuben. Erstklässler mit Pionierhalstuch überreichten uns lächelnd und teilweise tollpatschig einen Blumenstrauß. Keine fetzigen Schlager, sondern E-Musik, ernste Musik, erklang. Künstler geigten hingebungsvoll ein Menuett und ein Kinderchor trällerte „Liebe kleine Friedenstaube". Dieses Lied mussten wir schon in der ersten Klasse lernen, nun wurde es uns als Achtklässler vorgesungen. Schließlich gelobten wir, alle Kräfte für ein glückliches Leben der werktätigen Menschen zu geben. Ja, das gelobten wir!

Aber schön war es doch, einesteils feierlich, andernteils lustig. Na gut, die bunte Sause verging und dann bekamen wir richtige, passable Geschenke, nämlich ein paar größere Geldscheine oder sogar eine Heule, also ein Kofferradio. In vielen Familien vollzog sich die übliche Feierzeremonie wie gehabt: Nachmittags Kaffee und Kuchen, abends eine bunte Wurstplatte. Und dazwischen reden, trinken, Witze zum Besten geben ...

Weißer Korn und Karo

In der Regel verliefen diese Feiern feucht-fröhlich. Da mussten auch wir Jungen unseren Mann stehen. Schon nachmittags probierten wir etwas Hartes, tranken Schnaps. Gefragt war damals der „Weiße Korn" und der Kartoffellikör aus der Dresdner Friedrichstadt, der Schnapsfabrik Bramsch. Der „Korn" war so begehrt, dass er zeitweise nur an Stammkunden verkauft wurde. Auch der erste Glimmstängel musste sein. Die Marken Salem und Karo kamen aus der hiesigen Zigarettenfabrik und ein Stäbchen kostete nur acht Pfennig. Wer vom Rauchen keine Ahnung hatte und zum ersten Mal so einen Sargnagel probierte, konnte – gerade in Kombination mit dem Hochprozentigen – ziemliche Probleme kriegen.

Kein Wunder, dass abends einige Jungmänner torkelten, säuselten und die Toilette eine Ewigkeit für sich in Beschlag nahmen. Danach wies die schöne, nagelneue Krawatte unappetitliche Flecken auf, aber wenigstens war die schlimmste Übelkeit halbwegs überstanden. Das kleine Besäufnis der Hauptperson im Beisein der Verwandten war für viele Familien fester Bestandteil dieser Feier. Und die Konfirmanden erlebten diesen so aufregenden Schritt ins Leben der Erwachsenen in ähnlicher Weise. Manche von

Jugendweihe

1957, drei Jahre nach Einführung der Jugendweihe in der DDR, nahmen schon über fünfzig Prozent der Mädchen und Jungen an dieser Feier teil. Vielen Jugendlichen gefielen die Veranstaltungen, an denen sie im Vorfeld der Weihe teilnahmen. Man besuchte eine Sternwarte oder eine Theatervorstellung, fuhr mit dem Bus nach Weimar oder Berlin. Die meisten von uns kamen wenig raus aus Dresden und Umgebung und so waren diese Ausflüge für manchen aufregend. Letztendlich war sogar der Festakt, trotz politischer Propaganda, recht unterhaltsam. Und wir hatten die Gelegenheit, uns herauszuputzen. Die Mädchen und Jungen hatten sich extra schick gemacht, trugen mitunter sogar ein auffallendes Kleid oder eine fetzige Hose.

Nach der Jugendweihe war ein Familienfoto mit dem Jugendweihekind ein Muss. Hier am Brunnen „Stille Wasser" am damaligen Platz der Einheit.

uns hörten bei der Feier sowohl die Worte des Gewerkschaftsfunktionärs als auch die Predigt des Pfarrers. Doppel-Feiern wurden von Staat und Kirche zwar nicht gern gesehen, doch in den 50ern drückten sie schon mal beide Augen zu.

„Ausweis!"

Wir gingen gerne ins Kino. Als Kleine sahen wir schöne Märchenfilme. Da hatte die DEFA, der einzige Filmbetrieb in der DDR, wirklich tolle Filme produziert, an die wir uns bis heute gerne erinnern. Etwas älter geworden, zog es uns in Abenteuerfilme. Der Einlassdienst nahm seine Arbeit ziemlich ernst.

Wer noch nicht vierzehn war, durfte in so manchen harmlosen Film einfach nicht rein. „Ausweis!", zischte die Einlassfrau. Und dann war die bereits bezahlte Kinokarte im Wert von fünfzig Pfennig futsch. Man musste wieder abziehen und konnte nicht über Hans Moser im Lustspiel „Sieben Jahre Pech" lachen. Sobald wir aber die erforderliche Altersgrenze erreicht hatten, holten wir den Filmbesuch zügig nach. Wir wollten doch nichts verpassen! Im Programm standen viele sowjetische Filme, doch auch Westfilme flimmerten in den 50er Jahren über die Leinwand. Da waren die Plätze im Filmtheater fast immer ausverkauft.

Im Ostkino liefen in den 50er Jahren noch viele Westfilme.

Pflichtfilme

Einige Filme waren Pflichtfilme, die dazu dienen sollten, unser Geschichtswissen zu erweitern. Dazu gehören die zwei Teile des Thälmann-Filmes: „Ernst Thälmann – Sohn seiner Klasse" und „Ernst Thälmann – Führer seiner Klasse". Die Dreharbeiten fanden unter anderen in Dresden statt. Manche von uns harrten einen halben Tag in der Rähnitzgasse aus und sahen immer wieder dieselbe Szene. Eine Frau stürzte oder wurde aus einem Fenster gestürzt. Immer wieder wurde das Auffangtuch ausgebreitet und so die Szene wiederholt. Barrikaden säumten das Viertel und in Dresden tobte der Hamburger Aufstand. Das Drehbuch hatte der Arbeiterschriftsteller Willi Bredel geschrieben. Im Film sahen wir dann – nicht mal eine Minute lang – diesen Sturz und die Frau, die blutend auf der Straße lag.

Annäherungen

Vermutlich verbinden wir alle mit unseren Kinobesuchen als Jugendliche den ersten Knutschfleck, die ersten Annäherungsversuche und die Lieblingsplätze in der letzten Reihe. In der ersten Tagesvorstellung roch man noch den frischen Bohnerwachsgeruch und rutschte manchmal sogar auf dem Fußboden aus. Bis zum Dunkelwerden wurde im Filmprogramm (Kostenpunkt: zehn Pfennig) geschmökert. Wir ärgerten mitunter auch ein Mädchen auf der Reihe vor uns, zogen am Zopf oder mopsten eine Haarspange. Endlich erklang der dritte Gong, das Zeichen zum Filmbeginn.

Manches Kino, das es schon lange nicht mehr gibt, bleibt unvergessen. Fast in jedem Dresdner Stadtteil waren Lichtspieltheater, in Leubnitz-Neuostra das „Olympia", in Blasewitz das „Kino am Schillerplatz", in der Äußeren Neustadt die

PROGRESS
Filmillustrierte
7 JAHRE
Pech

„Schauburg" und das „TB"–Theater am Bischofsplatz. In der Leipziger Vorstadt gab es den „Faunpalast", und das „Astoria". Als wir „halbstark" waren, flimmerte es auf den Leinwänden von rund 25 Kinos in der Stadt.

Wegen der Enge des Saales hießen die kleinen Kinos im Volksmund Floh-Kinos. Im Zeitkino am Hauptbahnhof und im Neustädter Bahnhof wurden Kurzfilme gezeigt. Sie sollten den Reisenden die Wartezeit verkürzen. Doch es waren vor allem die Dresdner, die in die Zeitkinos strömten und sich stundenlang Dokumentarstreifen und die DEFA-Wochenschau „Augenzeuge" ansahen, ebenso die „Stachelschweinfilme", kurze satirische Beiträge. Sehr beliebt waren die Trickfilme aus dem DEFA-Trickfilmstudio Dresden. Im „Filmtheater am Hauptbahnhof" wurden zu später Stunde auch Spielfilme gezeigt. Die Zuschauer nahmen die durch die Wand dringenden Bahnhofsgeräusche ebenso in Kauf wie die harten Sitze und knarrenden Dielen.

Eine Lehrstelle für jeden

Wir hatten Russisch, Staatsbürgerkunde und den Produktionstag in der Polytechnischen Oberschule (POS) hinter uns. Tausende Mädchen und Jungen drückten nun die Schulbank in der EOS, dem Gymnasium des Ostens. Die meisten Schulabgänger besuchten die Berufsschule. Nicht alle Schüler(innen) konnten ihren Wunschberuf erlernen. Nach einer so genannten Nomenklatur waren die Lehrstellen eingeteilt. Für Jungs war es schwer bzw. fast unmöglich, den Beruf eines Frisörs oder Verkäufers zu erlernen – was die allermeisten Jungs aber auch gar nicht wollten. Und statt Gäste in einem Lokal zu bedienen, lernte man eben Landschaftsgärtner. Die Stellenvermittler meinten: „Der Berufswechsel hat auch Vorteile. Es braucht kein Zigarettenqualm, sondern es kann frische Luft eingeatmet werden!" Aber immerhin erhielten alle Mädels und Jungs eine Lehrstelle.

Ein schwieriger Weg

Der Wechsel von der Polytechnischen Oberschule in die EOS oder Berufsschule forderte von uns eine Reihe an Umstellungen: Früher aufstehen, mehr lernen, später nach Hause kommen. Jugendliche, die sich für einen Beruf mit Abitur entschlossen hatten, mussten noch mehr als andere büffeln. Und die EOS und Berufsschulen lagen nicht wie die POS nur ein paar Straßen weiter. Wir mussten mit der Straßenbahn, dem Bus oder Rad nach Niedersedlitz, Freital oder ins Industriegelände fahren. Und schließlich hatten auch wir begriffen, nun ging es um die Wurst, und die Wurst hieß Abitur oder Berufsabschluss. Und dafür nahmen wir manche Unbequemlichkeit in Kauf. Letztendlich machten wir unsere Prüfungen und hatten wieder eine Etappe auf dem Weg zum Erwachsenensein geschafft.

Und schließlich erhielten wir unser erstes selbstverdientes Geld. Das war zwar nicht allzu viel, aber einige Wünsche konnten wir uns jetzt erfüllen. Wir leisteten uns ab und zu einen Milch-, Mokka- oder Erdbeershake, ein oder zwei Bierchen, besuchten gewisse Lokalitäten, luden Freund und Freundinnen ein. Wir kauften von unserem Geld die erste Jeans, schicke Schuhe mit Bleistiftabsatz, eine fetzige Kofferheule, oder eine wasserdichte Uhr. Und zum ersten eignen Urlaub gaben die Eltern etwas dazu.

Ein Urlaub kostete Geld, mitunter gaben die Erzeuger ein paar Märker dazu.

Prominente aus Dresden

Thomas Rosenlöcher,
geboren am 29. Juli 1947
Der ehemalige Betriebswirt studierte am Literaturinstitut in Leipzig und war ab 1983 freier Schriftsteller. Zahlreiche Gedichte und Essays haben das Thema Dresden und Sachsen zum Inhalt.

Hartmut Schulze-Gerlach (Muck),
geboren am 19. Februar 1948
Der Schlagersänger Muck (Pseudonym) war Betonbau- und Hafenarbeiter, Winzer, Briefträger, Kraftfahrer. Mit „He, kleine Linda" eroberte er die ostdeutschen Hitparaden.
Muck, inzwischen wieder als Hartmut Schulze-Gerlach präsent, kann auch als Komponist und Moderator Erfolge aufweisen. Seine Mutter ist die Schriftstellerin Tine Schulze-Gerlach.

Uwe Kagelmann,
geboren am 6. Dezember 1950
Der Sportler wurde zweifacher Olympiadritter als Eiskunstläufer. Mit Partnerin Manuela Groß gelang Kagelmann als erstem Paar der Welt der Doppelwurfaxel und der dreifache Wurflutz.

Ralf Herzog,
Jahrgang 1953
Seine Pantomine-Programme sind Kult. Herzog gründete in Dresden ein Mimenstudio.

Olaf Böhme,
Jahrgang 1953
Nach einem Mathematikstudium an der TU Dresden und der Promotion auf dem Gebiet der Wahrscheinlichkeitstheorie begann seine Bühnenlaufbahn als Kabarettist. Kultstatus erlangte das Programm „Der betrunkene Sachse".

Rainer König,
Jahrgang 1953
1953 war ein guter Jahrgang für Dresdens Unterhaltungskunst. Neben Ralf Herzog und Olaf Böhme gehört Rainer König zu den Stars im Bereich Comedy und Pantomine, weithin über die Grenzen Sachsens bekannt.

Olaf Bär,
geboren am 19. Dezember 1957
Olaf Bär trat schon als Solist im Dresdner Kreuzchor auf und nahm danach ein Gesangsstudium an der Dresdner Musikhochschule auf.
Der Bariton feierte Erfolge an der Semperoper und an zahlreichen Opernhäusern, so in London, Chicago, Wien, Mailand.

Raritäten

War der Trabbi auch klein ...

... es passten sechs Leute und vier Koffer rein. So und ähnlich witzelten die Leute über den „kleenen Stinker", der im sächsischen Zwickau das Licht der Welt erblickte. Damals war der Verkehr mäßig und relativ wenig Autos fuhren auf den meist holprigen Straßen. Neben den Neuwagen Skoda, Wartburg oder Lada kurvten alte Dixis, Opels, Fords durch die Stadt. Und die Besitzer einer 150 er MZ waren auf ihre Maschine mächtig stolz.

Es dauerte verdammt lange bis unsereins ein Neuauto erhielt. Die Anmeldung schmorte sieben, acht, neun Jahre in der Autokartei des IFA-Vertriebes Dresden. Die Anmeldestelle befand sich in der Königsbrücker Landstraße bzw. nach der Straßenumbenennung in der Otto-Buchwitz-Straße. Viele Autokäufer stellten einen Antrag auf vorfristige Belieferung und mussten dafür einen triftigen Grund nennen. Der DDR-Normalbürger bekam meistens einen abschlägigen Bescheid. So hieß es in einem Schreiben des Direktors PKW-Handel:

„Da dem Verkaufsbeirat für die vorfristige Belieferung nur ein begrenzter Fonds zur Verfügung steht und zu jeder Beratung eine Vielzahl von Dringlichkeitsanträgen vorliegen, können nur die allerdringendsten Fälle Berücksichtigung finden. Dabei erhalten allerdings unsere schwerstgeschädigten Antragsteller noch eine besondere Unterstützung, um eine Wiedereingliederung zu gewährleisten. Trotz Berücksichtigung Ihrer beruflichen und gesellschaftlichen Aktivitäten sieht sich leider der Verkaufsbeirat aufgrund der Fondsmöglichkeiten außerstande, eine Entscheidung für eine Freigabe zu treffen."

7500 Mark

Während der erzwungenen, langen Wartezeit wurde eifrig gespart. Geldgeschenke, beispielsweise von der Jugendweihe, kamen auf das Sparbuch. Schließlich kostete ein normaler Trabbi ohne „Extravaganzen“ 7500 Märker. Der Neukaufpreis entsprach ungefähr dem Preis für einen gebrauchten „Volkswagen made in DDR“. Das war nun mal so, da die Nachfrage das Angebot übertraf. Der „Tag des Autokaufes“ war ein Festtag. Die Familie hatte sich extra frei genommen und zog gemeinsam auf die Bremer Straße in der Friedrichstadt. Hier befand sich das Auslieferungslager. Stolz fuhren wir nach Erledigung der Formalitäten mit dem delphinblauen oder papyrusweißen Trabbi durch die Stadt und ein kleines Stück ins Grüne, leisteten uns Kaffee, Kuchen und Schlagsahne.

Wir waren stolz, auf dem Motorrad, einer 150 MZ, sitzen zu dürfen.

Mancher Vati hatte sogar ein „schönes“ Auto.

Ersatzteile

Nach einigen tausend Kilometern klapperte es irgendwo im „Pappkarton“ – eine Reparatur kündigte sich an. Doch Ersatzteile waren schwer zu bekommen, ebenso ein Werkstatttermin. Das Warten vor und im „Autohaus für Ersatzteile“, beispielsweise auf der Ernst-Thälmann-Straße (Wilsdruffer Straße), währte mitunter Stunden. Deshalb standen viele Rentner in der Schlange. Oma und Opa hatten ja etwas mehr Zeit. Schneller als gewöhnlich standen plötzlich Ersatzteile zur Verfügung, wenn ein zusätzlicher Schein in der Tasche des Händlers landete. Oft halfen auch liebe Nachbarn und Kollegen.

Die Nachbarschaftshilfe und Kollegialität war beispielhaft. Wir ehemaligen DDR-Bürger erinnern uns gut daran, wie sehr wir im Zeichen der Mangelwirtschaft aufeinander angewiesen waren. Nachbar Müller kannte Meier und Meier hatte Beziehungen. Meier wusste, dass Schulze eine Kupplung und Dichtungsringe im Keller lagerte. Müller half dafür mit der Besorgung von Fliesen und Tapetenrollen, weil er da eine gute Quelle wusste.

Auch Fernseher waren Mangelware

Ende der 50er Jahre wurden in den Geschäften zunehmend Fernsehapparate angeboten. Aber wie so viele Dinge der „Konsumgüterproduktion" zählten sie nach wie vor zu den Raritäten. Hunderte Menschen fragten täglich die Verkaufskräfte im „HOWA am Altmarkt" (HO-Warenhaus): „Wann kommen denn neue Fernseher, wann ist meine Bestellung an der Reihe?" Die stolzen Besitzer eines „Leningrad" oder

Es war die Ansagerin Käthe Zilles, die 1959 die erste Sandmännchen-Sendung in der DDR ankündigte.

Das HOWA-Warenhaus bei Nacht.

Manfred von Andenne

Baron Manfred von Ardenne (1907–1997) entwickelte die Grundlagen für das elektronische Fernsehen und führte erstmals die Fernsehübertragung auf rein elektronischer Basis vor. 1955, nach siebenjähriger Forschungstätigkeit in der Sowjetunion, gründete von Ardenne im vornehmen Dresdner Stadtteil „Weißer Hirsch“ das einzige wissenschaftliche Privatinstitut in der DDR. Es wurde Spitzenforschung betrieben, so z. B. im Bereich der Krebs Mehrschritt Therapie, aus der die Sauerstoff-Therapie hervorging.

Manfred von Ardenne war als herausragender Wissenschaftler besonders begabt. Mit 16 Jahren meldete er sein erstes Patent an. Als 90-Jähriger konnte der „Junge ohne Abitur“ auf 600 Patente unter seinem Namen verweisen. Doch Meister fallen nicht vom Himmel. Der Sohn eines Regierungsrates studierte Physik, Chemie, Mathematik und richtete in Berlin ein Laboratorium für Elektronenphysik ein. Mit 23 Jahren entwickelte Manfred von Ardenne einen „Leuchtfleckabtaster“. Das „Jahrhundertgenie“ arbeitete u. a. in der Sowjetunion an kernphysikalischen Projekten.

„Dürer“ hatten immer eine „volle Bude“. So ganz glücklich waren die Fernsehbesitzer wohl doch nicht, denn zu Besuch kam regelmäßig die bucklige Verwandtschaft und sogar wir Heranwachsenden hockten vor der Flimmerkiste. Wir durften nicht nur den Kinder-Abendgruß, die „Aktuelle Kamera“, sondern auch den Spielfilm sehen. Papa, Mama, die Großeltern und natürlich die Guckkasteneigentümer drückten die Augen zu, wenn die hübsche Fernsehansagerin Erika Radke freundlich meinte: „Dieser Film ist für Jugendliche unter 14 Jahren nicht erlaubt!“

Es bestand auch durchaus keine Gefahr, bei diesen harmlosen Filmchen auf dumme Gedanken zu kommen. Selten trugen die Schauspielerinnen einen tieferen Ausschnitt, da war nichts Besonderes zu erhaschen. In Kulturhäusern und auf öffentlichen Plätzen flimmerte der Guckkasten vor einem größeren Personenkreis. Auf dem Platz der Einheit (heute wieder Albertplatz) stand allabendlich eine Menschentraube am dortigen Hochhaus der Verkehrsbetriebe und guckte bei Wind und Wetter. Viel Andrang herrschte bei Sportsendungen. Bis zu 200 Personen verfolgten am Bildschirm die Internationale Friedensfahrt, das Radrennen der Amateure.

Beliebte Ansagerin beim Deutschen Fernsehfunk der DDR: Erika Radtke.

1-2-3, 1-2-3

In der Tanzstunde

Zum Lebenslauf eines jeden ordentlichen Mädchens und Jungen gehörte der Besuch der Tanzstunde. In Dresden gab es mehrere davon. Die bekanntesten waren Jöhren-Trautmann in Blasewitz und Werner Graf in Pieschen, deren Tanzstundenschüler(innen) auf Turnieren mehrfach Preise einheimsten. Doch dies gelang den meisten von uns nicht, selbst wenn wir die besten Schulen besuchten. Tanzen wollte gelernt sein und es brauchte seine Zeit, bis wir uns halbwegs elegant auf dem Tanzparkett bewegen konnten, ohne einander auf die Zehen zu treten und die Nachbarn zu schubsen. Die Tanzlehrer waren erfahren und unterrichteten nach den alten Regeln. Zwar stand das Tanzen im Vordergrund, doch „Knigge" gehörte ebenso zum obligatorischen Programm. Gelehrt wurden Bückling und Knicks bei der Aufforderung zum Tanz, der richtige Umgang mit Messer und Gabel beim Essen, das Verhalten beim ersten Elternbesuch.

Knigge

Manche „Benimm-Regel" war zwar schon bekannt, doch die Lehrer und Eltern legten großen Wert auf anständiges Benehmen. Und der sozialistische Staat wünschte von den Jugendlichen ebenfalls gute Manieren.

Bei der Damenwahl durften wir Jungen nicht maulen, wenn eine „Fleischtomate" um den nächsten Tanz bat. Und manches Mädchen verzog das Gesicht, wenn ein „Pfannkuchen" lispelte: „Darf ich bitten?" Die Tanzstundendame erzählte prompt ihrer Freundin: „Freiwillig hätte ich mit dem nicht getanzt!" Hörte der Tanzlehrer diese Bemerkung, bekam das Mädchen von ihm eine Lektion in punkto Knigge. Trotz dieser bürgerlich anmutenden Zeremonie – schließlich sind wir in den 50er Jahren und bauen den Sozialismus auf – war die Tanzstunde, so meinten wir jedenfalls, für das spätere Leben recht wichtig.

Der Sonntagvormittag

Was am meisten nervte, war der obligatorische Elternbesuch bei der Tanzpartnerin. Wir, die Jungs, zogen die besten Klamotten an, gute Hose, gutes Jackett. Natürlich durfte die Krawatte auf dem blütenweißen Hemd nicht fehlen. Für Frau Mama hatten wir einen schönen Blumenstrauß besorgt.

Die Eltern und die Tanzstundendame, sie hatten sich ebenfalls hübsch gemacht, musterten uns von Kopf bis Fuß und fragten uns Löcher in den Bauch. Schließlich mussten wir mit einem Glas Wein anstoßen, obwohl uns ein Bierchen lieber gewesen wäre. Das einstündige „Kennenlernen am Sonntagvormittag", vom Tanzlehrer empfohlen, dauerte eine Ewigkeit. Und danach fragte manche Tanzstundendame auch noch: „Na, wie fandest du meine Eltern? Hatte Mama nicht die Haare schön? Sie war extra beim Friseur."

CHRONIK

14. Mai 1957

Die Dresdner Stadtverordnetenversammlung beschloss, die bisherigen neun Stadtbezirke auf fünf Stadtbezirke zu reduzieren.

16. Dezember 1957

In der DDR nahm der erste Versuchsreaktor in Rossendorf bei Dresden den Betrieb auf.

3. Juni 1958

Die Sowjetunion übergab weitere 1240 Kunstschätze an Dresden, darunter wertvolle Exponate für das Grüne Gewölbe, die Rüstkammer und die Gemäldegalerie.

28. November 1958

Der Bezirkstag Dresden wählte Walter Weidauer, den Oberbürgermeister der Stadt, zum Vorsitzenden des Rates des Bezirkes Dresden.

3. Dezember 1958

Die Dresdner Stadtverordneten wählten zum neuen Oberbürgermeister Professor Herbert Gute.

Auf ins Vergnügen

Doch alles hat ein Ende, auch die Tanzstunde, und als Höhepunkt folgte der Tanzstundenball. Wir Dresdner absolvierten diesen Abschluss im Loschwitzer Elbehotel, im Volkshaus Laubegast oder im Gasthof Weißig. Manchem Jugendlichem hatte die Tanzstunde so gut gefallen, dass er danach Fortgeschrittenenkurse besuchte. Die meisten von uns schwirrten allerdings in andere Tanzlokale. Schon abends um sechs drängelten die Teenager in das Kurhaus Bühlau, den Schillergarten, die Nordhalle, das Parkhotel. Der Lindengarten stand zwar etwas in Verruf, doch er annoncierte mit drei Sälen und drei Möglichkeiten. So mancher von uns kann sich noch gut an die Kapellen erinnern. In Bühlau spielte regelmäßig Hans Knoderer mit seinen Mannen, im Schillergarten das Pepita-Trio, in Laubegast die Fred-Herfter-Combo. In einigen wenigen Lokalen stand sogar eine Musikbox.

Die Westschlager „Caprifischer" und „Heimweh" sowie die Elvis-Titel gingen ins Ohr. Hierzulande spielte das Orchester Kurt Henkels und Julia Axen sang „Papa, du bist so reizend". Manchmal traf man beim Tanzen den Tanzpartner oder die Tanzpartnerin wieder und flirtete, verliebte sich eventuell erneut oder das erste Mal. Manchmal blieb die Beziehung ein Leben lang bestehen.

Lokale der 50er Jahre

In den 50er Jahren nahm die Zahl der Lokale in Dresden deutlich zu.

Haus Altmarkt war eine Großgaststätte mit Tagescafé, Bierkeller, Mokkastube, Konditorei und Tanzbar. Das Haus war geschmackvoll, man kann sagen, exquisit eingerichtet. Im Foyer standen Meißner Porzellanvasen und hübsche Skulpturen. An den Wänden hingen wertvolle Ölgemälde.

Der Name Italienisches Dörfchen geht auf das 18. Jahrhundert zurück. Im Rahmen eines Kirchenbaus errichteten italienische Handwerker 32 kleine Wohnhäuser. Im 19. Jahrhundert wurden die Häuser abgerissen – bis auf die Gaststätte, die später den Namen „Italienisches Dörfchen" erhielt.

Auf der Brühlschen Terrasse lockte das Sekundogenitur die Besucher an. Hier gab es neben einem Weinkeller ein Café-Restaurant und die Nachtbar Gondel. Viele Dresdner bestaunten die erotischen Darbietungen eines Tanzpaars – damals eine Seltenheit und ein kleiner Skandal.

Schon 1895 wurde der „Balkon Dresdens" eröffnet und wurde zu einem beliebten Ausflugslokal. Der Luisenhof gehörte zu den wenigen Hotel-Restaurants, die nach dem Krieg wieder für die Öffentlichkeit zugänglich waren. 1956 brannte die Gaststätte ab. Bei dem Unglück kam tragischerweise die erst 16-jährige Tochter der Wirtsleute ums Leben, die bekannte Schwimmerin Helga Vogt.

Der Ratskeller im Neuen Rathaus blieb nach dem Krieg zwei Jahrzehnte geschlossen. Das Einzige was blieb war, sich über den Rathausesel am Eingang des Ratskellers zu freuen, der vergeblich auf Gäste wartete. Die Bronzeplastik, die der Bildhauer Georg Wrba (1872–1939) schuf, stellt den Weingott Dionysos auf einem trunkenen Esel dar. Angeblich bringt es Glück, den goldenen Zeh des trunkenen Eselchens zu streicheln.

Erst zwei Jahrzehnte nach Kriegsende wurde der Ratskeller wiedereröffnet.

Schlager mit Humor

Vor allem unsere Eltern liebten nicht nur die flotten Schlager, sondern auch Lieder mit Humor. Und da gab es bei uns in Dresden vier Männer, die Spezialisten für alberne Lieder waren, die vier Brummers. Ihre ersten Erfolge hatten sie im Dresdner Operettentheater, und dann wollte jeder im Lande die Brummers sehen und live erleben. Und so zogen die singenden Humoristen kreuz und quer übers Land und brachten die Leute mit ihren Couplets über alltägliche Missstände und Unzulänglichkeiten zum Lachen. Und Lachen und Frohsinn waren gut für die mitunter angekratzte Seele. Das Motto der Brummers hieß: „Sag es mit einem Lächeln, aber sag es genau!" Ihr größter Hit war „Siebentausend Rinder" mit der Jodlerin Susi Schuster. Das Lied stammte zwar aus dem Westen, aber es war lustig.

Immer unterwegs

Wir hatten immer wieder von bestimmten Etablissements gehört, in denen es etwas frecher zuging. Und so erkundeten wir berühmt-berüchtigte Lokale. Sie befanden sich vorwiegend in der Inneren und Äußeren Dresdner Neustadt. Die „Ratte" an der Straße der Befreiung (heute wieder Hauptstraße) soll besonders verrufen gewesen

Julia Axen & Heinz Schultze waren in den 50er Jahren das Traumpaar der DDR. Julia Axen wurde mit „Papa, du bist so reizend“ und „Eine Welt ohne dich“ recht populär.

Orchesterleiter Kurt Henkels begleitete häufig die Schlagersterne der DDR.

„Heimweh“, der Westschlager mit Freddy Quinn, wurde vom VEB Musikverlag „Lied der Zeit“ im Osten veröffentlicht.

sein. Mitreden können wir nicht, denn für dieses „Etablissement“ waren wir teilweise noch zu jung und später wurde es geschlossen. Dafür lernten wir den „Hattenheiner“ auf der Rähnitzgasse, die Konzertklause und die Happeldiele auf der Alaunstraße kennen. In der Pferdekneipe tranken wir nicht nur Bier, sondern aßen Bockwurst, hergestellt aus Pferdefleisch. Knüppeldickevoll war auch immer die Bierkneipe „Gambrinus“, eine Privatgaststätte am Postplatz. Und knüppeldickevoll torkelten aus dieser verqualmten Kneipe viele Männer.

Alle Gaststätten, auch die gewissen Kneipen, waren gut besucht und ein Plätzchen nur mit Glück und Beziehung zu bekommen. Nach und nach öffneten wieder Bars. Und wir lernten neue Lokalitäten und andere Menschen kennen ... Wir unterhielten uns über Fußball, Bücher, Schlagersänger, Schauspieler, Autos, Entdeckungen ...

Bekannt war das Dresdner Bier aus der Waldschlösschenbrauerei. Bierdeckel wurden für die unterschiedlichsten Zwecke genutzt, statt einer Anzeige in der Zeitung wurde auf Bierdeckeln geworben

Aus Dresden kommt die Kneipe

Woher kommt das Wort Kneipe? Nu, nu raten Sie mal? Erstmals war 1717 in einer kursächsischen Verordnung aus Dresden die Rede von einer „Kneipschenke“. Damit war ein Gasthaus gemeint, in dem „ehrlose Leute“ verkehrten, Bettler, Zigeuner, Vagabunden, Gesindel. Aus der „Kneipschenke“ wurde die Kneipe. Vor der Zerstörung Dresdens gab es rund 1000 Gaststätten, Cafés, Konditoreien, Weinstuben, Hotels. Nach dem 13. Februar 1945 existierten lediglich fünfzehn gastronomische Einrichtungen.

Kneipengespräche

Als der Kellner neues Bier auf den Bierdeckel stellte, sagte ein Kumpel: „Wisst ihr überhaupt, dass ein Dresdner den Bierdeckel erfunden hat?“ „Nee!“ sagten wir, „erzähl mal!“ Und der Bierdeckelsammler legte los: „Robert Sputh hieß der Erfinder. Er hat den runden „saugfähigen Holzfilz Bierglasuntersetzer”, so der offizielle Name, als Patent angemeldet. Der Bierdeckel eroberte ganz Sachsen und sogar Amerika.“ Der Kumpel war in seinem Element und schwärmte nun ausführlich von seinem Steckenpferd. Wir mussten ihn in seinem Redeschwall bremsen, denn schließlich wusste jeder von uns Entdeckergeschichten. In Dresden wurden immerhin viele „wichtige Dinge“ erfunden, so die Kaffeefiltertüte, das Mäusegift, die Zahnpasta, das Mundwasser, der BH ... Nicht zu vergessen das Fernsehen, der Wartburg Coupé und die Spiegelreflexkamera. Im ersten DDR Magazin (1954) hatte der Dresdner Fotograf Erich Höhne mit der Spiegelreflexkamera „Exakta“ aus den Kamerawerken Dresden ein nacktes Mädchen fotografiert. Und wir konnten zum ersten Mal Nackedeis in einer Zeitschrift bewundern.

„Heeße Bohne“ – Dresdens alte Kaffeehäuser

Dresden und seine Kaffeehäuser und Konditoreien waren vor dem Zweiten Weltkrieg eine Besonderheit. Mama, Papa, Oma und Opa kannten noch das größte Kaffeehaus und schwärmten vom „Café Central“ an der Schlossstraße. Mit seinem umfangreichen Zeitungsangebot war es weit und breit das größte „Zeitungskaffee“. An bestimmten Tagen, z. B. bei Festumzügen und Feierlichkeiten, wurden Fensterplätze des Cafés gegen einen kleinen Obolus vermietet. Aber auch an normalen Tagen gab es für die Gäste immer etwas Interessantes zu sehen. Vor dem Ersten Weltkrieg stand am Ausgang der Schlossstraße gegenüber dem Altmarkt ein martialisch aussehender Gendarm zu Pferde, auf dem Kopf einen Raupenhelm. Ihm gegenüber in der Mitte der Fahrbahn an der Löwenapotheke wachte ein Schutzmann. Nach dem Zweiten Weltkrieg gehörte das idyllische sächsische Kaffeehaustreiben erst einmal der Vergangenheit an. Die beste Adresse für ein Konditorei Café war das „Toscana“ am Schillerplatz. In diesem gemütlichen Café schmeckten die Eierschecke und der Bohnenkaffee vorzüglich.

Das Magazin wurde vor allem wegen erotischer Geschichten und einem Nackedei gern gekauft. Es überlebte die Wende 1989 und hat bis heute viele Leser.

Das Varieté im Café Prag

1956 eröffnete das erste sozialistische Konzert- und Tanzcafé, das „Café Prag" am Altmarkt. Dort sahen viele von uns erstmals „große Künstler". Die über 18-Jährigen marschierten frischverliebt in dieses Varieté, um der „Neuen" etwas Exquisites zu bieten. Die Eintrittspreise waren durchaus erschwinglich und wir hatten ja die Spendierhosen an. Deshalb luden wir die neue Eroberung an die Bar auf dem Balkon ein. Heidi, die nette Bardame, mixte dann einen leckeren Cocktail und lächelte einen liebevoll an.

Die jüngeren von uns sahen die Sänger und Artisten meist in der Nachmittagsvorstellung. Dresdner Akteure ernteten viel Sympathie, so die „Vier Brummers", die Komiker O. F. Weidling, Eberhard Cohrs und die Combo Theo-Schuhmann mit Sänger Wilfried Peetz. Beliebt waren auch die internationalen Künstler, Nicole Felix aus Frankreich und Jiri Korn aus der Tschechei. Für manche „Unterhaltungsspender" wurde das „Café Prag" zum Sprungbrett für eine erfolgreiche Karriere. In den Dresdner Tageszeitungen waren alle vierzehn Tage Kritiken über das Varieteprogramm zu lesen. Manche prominente Künstler erhielten Schelte, manches junge Talent erntete Lob. Mitunter urteilten die Rezensenten recht unterschiedlich und oft gefiel den Gästen, was dem Kritiker missfiel.

Letztendlich

ist zu sagen, unsere Kinder- und Jugendjahre lagen in verdammt schwierigen Zeiten. Der Wille zum Wiederaufbau war so stark und jeder versuchte, trotz der großen Not der ersten Nachkriegsjahre, seinen Lebensmut nicht zu verlieren. Wir sollten sozialistisch leben und lernen und unsere Vorstellungen von einer sozialistischen Lebensweise, deckten sich nicht immer mit der, die uns offiziell präsentiert wurde. Wir versuchten, aus allem das Beste zu machen. Einige Ziele blieben auf der Strecke, einige Träume gingen in Erfüllung. Manche Episoden von damals gehen einem einfach nicht aus dem Kopf und immer wieder hören sie unsere Bekannten. Sie stöhnen dann: „Mensch, die Geschichte kennen wir, hast du schon hundertmal erzählt! Hast du etwa Alzheimer?" – „Nu gud", sächselt man da vor sich hin und erzählt eine andere Story aus der Jugendzeit. Und, kaum zu glauben, auch die kennen die Bekannten. Man kann sich eben schwer vom alten Erbe trennen und so sind vereinzelt noch Erinnerungsstücke aus dieser Zeit in der Wohnung zu finden: ein Schalensessel, eine Tulpenlampe. Und im Kleiderschrank hängen noch Krawatten mit dem Muster, die auch die Tapete in der guten Stube hatte.